世界热带农业产业与科技

◎ 刘国道 郑 玉 刘 奎 等 编著

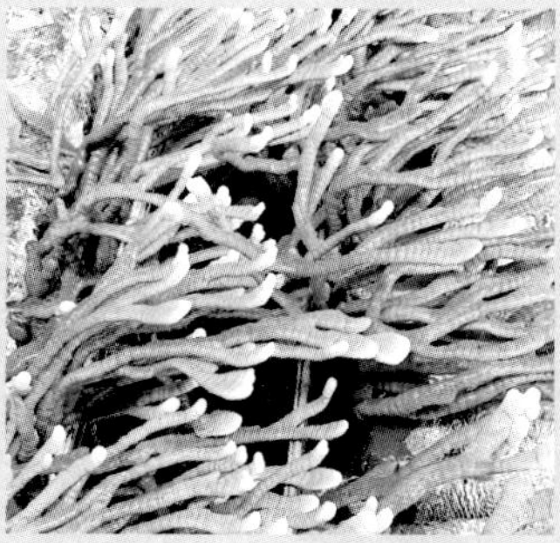

中国农业科学技术出版社

图书在版编目（CIP）数据

世界热带农业产业与科技 / 刘国道等编著 . —北京：中国农业科学技术出版社，2020.8
ISBN 978-7-5116-4960-7

Ⅰ . ①世… Ⅱ . ①刘… Ⅲ . ①热带—农业技术—关系—农业产业—产业发展—研究—世界 Ⅳ . ① F313

中国版本图书馆 CIP 数据核字（2020）第 156678 号

责任编辑　徐定娜　李　雪
责任校对　贾海霞

出 版 者　中国农业科学技术出版社
　　　　　北京市中关村南大街 12 号　邮编：100081
电　　话　（010）82105169（编辑室）（010）82109702（发行部）
　　　　　（010）82109709（读者服务部）
传　　真　（010）82109707
网　　址　http://www.castp.cn
发　　行　各地新华书店
印 刷 者　北京科信印刷有限公司
开　　本　787 mm × 1 092 mm　1 /16
印　　张　13.75
字　　数　309 千字
版　　次　2020 年 8 月第 1 版　2020 年 8 月第 1 次印刷
定　　价　98.00 元

《世界热带农业产业与科技》
编著人员

主 编 著：刘国道　郑　玉　刘　奎

副主编著：马卓君　游　雯　张　雪　王金辉　李希娟
邢淑莲　马　帅　孙　亮

编著人员：

谢振宇	贾利强	陈松笔	陆小静	吴　刚
苏兰茜	徐中亮	符海泉	金　辉	欧文军
刘　蕊	卢玉兰	冯美利	王　挥	杨本鹏
伍苏然	黄华孙	田维敏	茶正早	桂红星
张　宇	蔡海滨	王　尉	周登博	党志国
朱　敏	张秀梅	张中润	张　蕾	李松刚
沈文涛	曾　辉	马蔚红	王甲水	李洪立
高　玲	杨　衍	戚志强	黄素荣	杨光穗
闫　林	林　兴	王　灿	杨建峰	赖剑雄
李付鹏	赵青云	张彦军	周文钊	晏小霞
王　军	郇恒福	周汉林	徐铁山	马海霞
鲍时翔	王进闯	武春媛	徐雪莲	周　伟
廖良坤	黄晓兵	杨子明	张　瑜	李　特
韩丙军	张艳玲	段　云	黎舒怀	静　莹
赵紫霞	刘志鸿	徐甲坤	魏泰莉	敬小军
郑汉丰	蒋科技	李玉萍	李光辉	张雨良

前　言

世界热带地区是指南北回归线之间的地带，位于南北纬23° 26′之间，地处赤道两侧。陆地面积5 361.84万平方千米，占世界陆地面积的36%，总人口25.17亿人，占世界人口的33.34%。包括138个国家，其中典型热区国家94个，局部热区国家24个，非典型热区国家20个。热带地区生物多样性丰富，也是世界物产最丰富的地方。适宜种植热带作物的土地面积为5亿公顷，占全球土地总面积的3.83%，主要分布在亚洲、南美洲、非洲和大洋洲赤道附近地区，以热带农业为主要经济来源的直接或间接人口约有10亿人。这意味着要用全球4%的土地面积养活15%的人口，也意味着热带作物生产一直在起着至关重要的基础作用，其发展状况直接影响全球经济社会的稳定和发展。

世界主要热带作物有天然橡胶、甘蔗、油棕、椰子、木薯、胡椒、槟榔、香荚兰、咖啡、可可、香蕉、芒果、菠萝、番木瓜、油梨、腰果等20多种。据世界粮农组织统计，2013年，世界热带作物收获面积为1.38亿公顷，产量为28.96亿吨，多数作物产自亚洲地区，主产国主要是印度、中国、巴基斯坦和东盟10国；其次是美洲地区、非洲地区，主产国主要有巴西、尼日利亚、墨西哥和哥伦比亚；大洋洲仅占了极少份额。与2006年的数据相比，世界热作面积仅增长了45.6%，但产量增长了373.2%，优良品种、高效栽培、农机农艺配套等先进技术的研发和推广应用发挥了关键作用。

当前，全球农业面临重要挑战，主要表现在气候变化与自然灾害加剧致使农业生产遭受严重损害与损失，可持续自然资源受限，质量下降，跨界动植物病虫害频繁发生、为害严重，农业生产力难以支撑不断增长的人类刚性需求。从国际热带农业科技发展的态势来看，热带农业基础研究总体薄弱，核心关键技术研发和集成创新能力不强，支撑应对全球气候变化、生物多样性锐减、农业生态环境恶化、农产品供给短缺等重大难题的科技储备不足，支撑热带农业产业现代化发展的科技供给不足。

为了能比较全面地了解全球热带农业和科技发展状况，编者在概述国内外热带作物产业发展状况和科技现状的基础上，分析了产业发展存在的问题，提出了亟须解决的科学问题和技术需求，探讨了热带农业科技发展的方向，以期为促进全球热带作物产业可持续发展提供基础支持。本书能为从事热带农业研究和产业的工作者提供参考。

由于业务水平和编写水平有限，还有不少地方需要进一步完善提升，敬请广大读者批评指正。

本书得到“一带一路”热带项目资金资助，编著得到有关方面专家的支持和帮助，在此一并表示感谢。

编著者

2020 年 5 月

目 录

引　言

世界共有138个国家或地区处于热带地区，主要分布于亚太地区、中南美洲及非洲地区。其中，完全处于南北回归线之间的典型热区国家共计94个（东南亚10个、南亚1个、西亚1个、拉丁美洲26个、非洲41个）；局部处于热带地区，横跨南北回归线的局部热区国家24个；非典型热区国家20个，主要位于各大洲沿海地带具有亚热带地中海式气候的区域，包括环地中海边缘的南欧、北非、西亚地带以及南非西南角，澳大利亚的西南端和东南端，智利中部太平洋沿岸地段，美国夏威夷、加利福尼亚等地区，以及美国、英国、法国、荷兰等国家在热带地区的殖民地。

根据世界银行2017年数据，典型热区和局部热区118个国家的农村人口占世界农村人口总量的81.90%，该区域是世界农村人口主要聚集区；同时，该区域农业增加值占世界农业增加总值的66.90%，农产品国际贸易金额占全球农产品贸易金额的10.70%，农业增加值占本地区GDP的8.09%，远高于同期3.55%的世界平均水平，该区域也是推动世界农业发展的重要力量。因此，世界热带农业的健康、可持续发展对推动世界粮食安全和减贫进程，实现联合国可持续发展目标具有重要现实意义。

世界热带农业总体发展不均衡，根据联合国对世界国家综合发展水平分类，世界热带农业发展大致可分为发达、高、中、低发展水平等类型。马来西亚、新加坡、文莱等4个综合发展水平最高的典型热区国家热带农业，该区域人均GDP处于世界最高水平，一二三产业融合发展程度较高；南亚、拉丁美洲和大洋洲等32个综合发展水平较高的典型热区国家热带农业，该区域人均GDP处于世界前列，农业生产水平较高，高效经营的大面积现代化农牧场占较大比例；位于东南亚、拉丁美洲、非洲和大洋洲等地区的25个综合发展水平中等的典型热区国家热带农业，该区域人均GDP处于世界中下游水平，农业主要是传统农业，以小农经营、家庭经营为主，农业机械化和科技水平低；非洲大部分国家及海地、也门、图瓦卢、所罗门群岛等32个综合发展水平落后的典型热区国家热带农业，该区域人均GDP尚不足1 000美元，农业经济结构单一，农业耕作方式和技术非常落后，农业生产水平低而不稳，粮食不能自给；中国、印度、巴西、澳大利亚、智利、阿根廷、南非等局部热区国家热带农业和环地中海的南欧、北非、西亚等非典型热区国家热带农业，该区域农业总体发展水平较高，热带农业是该区域国家农业重要构成部分，但在本国农业所占比重相对较低。

第一章

热带粮食作物

热带地区主要粮食作物有水稻、玉米、薯类、面包果、椰枣等。水稻主要分布于东亚、东南亚和南亚的季风区，以及东南亚的热带雨林气候区。玉米主要产地是美国、中国、巴西，其次是欧盟、墨西哥、阿根廷、印度、非洲以及东南亚等国家和地区。热带薯类主要包括木薯、马铃薯和甘薯。其中木薯是全球约 8 亿人口的主食，主要分布于热带和部分亚热带地区；马铃薯有三大主产区，其中的两大主产区位于热区；甘薯种植主要分布在亚洲、非洲的发展中国家，其次为拉丁美洲。面包果是南太平洋地区重要的粮食作物，对当地食品安全做出了实质性贡献，主要作为家庭自给自足的作物。椰枣是阿拉伯国家和地区的主要粮食作物，在北非、西亚、中东、印度河流域广泛种植。

水 稻

一、产业发展状况

世界水稻主要分布于东亚、东南亚和南亚的季风区以及东南亚的热带雨林气候区，已在 113 个国家种植，其中亚洲国家的播种面积占全球的 90%。世界水稻产量主要分布于中国、印度、印度尼西亚、孟加拉国、越南、泰国、缅甸、菲律宾、日本、巴西。2018 年，中国大米总产量约 1.48 亿吨，居世界第一，占比高达 29.90%；印度是目前水稻种植面积最大的国家，面积近 5 000 万公顷，水稻产量仅次于中国，2018 年出口大米约为 1 137 万吨，居世界第一，出口地区主要有位于中东、欧洲、非洲、亚洲、北美洲等的 30 多个国家和地区；印度尼西亚是世界第三大水稻生产国，2016 年全国水稻年种植面积约 1 428 万公顷，2017 年全国大米产量 8 140 万吨；孟加拉国水稻播种面积约 1 100 万公顷，大米产量约 3 437 万吨，2017/2018 年度大米进口量达到 390 万吨；越南水稻播种面积约 500 万公顷，2018 年出口大米总量约 606 万吨；2018 年泰国以 1 113 万吨大米出口量，仅次于印度位居世界第二；缅甸的第一大作物是水稻，约占作物面积的 6 成，水稻产量 3 200 万吨左右；菲律宾至少有 1/3 的家用地用于种植水稻，2017 年国家规定的最低进口限额是 80.50 万吨。

2014—2018 年世界水稻生产情况

年度	收获面积（公顷）	产量（吨）	产值（万美元）	制品进口（吨）	制品出口（吨）
2014	164 291 421	742 454 148	32 774 772.35	36 407 964	41 555 978
2015	162 630 402	745 905 437	31 415 614.41	37 283 396	40 725 737
2016	162 981 535	751 885 117	33 254 207.39	35 408 886	38 631 090
2017	166 082 745	769 829 121	—	40 898 003	42 973 107
2018	167 132 623	782 000 147	—	—	—

注：数据来源于 FAO 数据库（www.fao.org/faostat），下同。

中国海南的水稻

（中国热带农业科学院热带作物品种资源研究所　供图）

二、生产技术现状

品种培育。在热带灌溉稻生态系统，为应对水稻产量徘徊现象，国际水稻研究所开展了水稻新株型的育种，有些新株型品系产量比对照提高 20% 左右，第二代新株型育种取得了较好进展。新株型材料也在不同地区的育种计划中应用，已有多个产量超过当地高产对照品种，在中国和印度尼西亚通过审定并生产应用。自 1997 年以来，中国开始了“超级稻育种”计划，获得认定的“超级稻”品种和组合，其推广面积占中国水稻面积的 20% 左右，增产 15% 左右，在百亩示范区比对照增产 30% 以上。自 1976 年以来，中国在生产应用和推广杂交水稻上取得成功，平均产量比常规水稻高 15% ～ 20%。自 20 世纪 70 年代末以来杂交水稻面积不断增加，近年杂交水稻应用面积已超过水稻种植面积的 55%，杂交水稻的推广使水稻总产量稳定提高。杂交水稻在亚洲其他国家，如孟加拉国、印度尼西亚、菲律宾、越南、印度、缅甸等主要产稻国的大面积推广，显示出杂交水稻对水稻单产的提高和总产增加的潜力。杂交水稻在亚洲其他国家的应用还需要提高制种产量并降低制种成本、选育异交率高、品质优的不育系，以促进杂交水稻的广泛采用。为满足全球人口增加对大米的需求，通过改善群体、理想株型育种、杂交优势利用、遗传工程、扩大遗传背景、分子育种，提高水稻品种的产量潜力。中国通过水稻株型和优势利用选育的超级稻品种及其配套栽培技术研究在生产中发挥了重要作用，生物技术与常规育种技术的结合提高了杂交稻产量、品质和抗性。水稻品种株型改良和杂交稻是水稻产量进一步提高的主要途径。近年在水稻超高产育种的材料创制、基础理论研究方面也取得重要的进展，拓宽了其遗传多样性。水稻单蘖基因的克隆及其育种应用使提高分蘖成穗、优化水稻群体成为可能。将玉米的 C_4 光合基因导入水稻，提高光合效率，可提高水稻产量 30% ～ 35%；将 *Bt* 基因导入水稻，提高对水稻螟虫的抗性，可减少产量损失；抗除草剂、抗生物和非生物逆境转基因水稻的培育，将减少杂草的竞争，降低生物和非生物逆境对产量造成损失。

栽培技术。在热带地区，生产应用的水稻品种和组合的产量潜力大多超过 10 000 千克 / 公顷，而稻农较高的产量一般为 7 000 ～ 8 000 千克 / 公顷，实际平均产量仅 4 000 ～ 5 000 千克 / 公顷。同样，在亚热带地区农民产量、品种产量和专家指导下的产量存在很大差异。研究水稻产量差异形成的原因，提出弥合产量差异的技术，对提高地区和国家的水稻平均产量具有重要意义。澳大利亚研发和推广的水稻标准化生产技术，对提高水稻产量起重要作用。1973—1985 年澳大利亚水稻单产徘徊在 6 000 千克 / 公顷，1986 年开始研发水稻标准化生产技术，并开始应用于生产，该技术的推广使澳大利亚水稻单产迅速提高，到 2000 年水稻平均产量达到 9 650 千克 / 公顷。该技术在印度尼西亚示范应用增产 23%，在巴西和委内瑞拉应用增产 30%。良种良法配套已成为中国水稻产量提高的成功法宝，从矮秆品种到杂交稻的成功实例均反映了配套栽培技术在提高品种产量潜力方面的作用，在当前超级稻推广应用中也起到重要作用。现有的水稻生产机械化程度较低，特别是种植技术机械化程度较低。

病虫害防控。据估计，如不防治水稻病虫害，中国水稻产量损失约 12.20%，在防治情况下水稻产量损失 2.00%。由于水稻品种抗性衰退及过度使用广谱、残留期长的农药，破坏害虫自然天敌的控制系统，导致近年来水稻飞虱大爆发。自 2005 年以来，仅水稻飞虱大爆发造成越南、印度尼西亚、中国、韩国和日本共有上百万公顷水稻几乎绝收。

加工技术。近年来，日本开发的免淘洗 γ-氨基丁酸大米，人造大米副产物制成米粉，功能性速食米粉条沸水中煮 3 分钟即可食用，适合于腹腔综合征患者食用的软米粉团产品，以大米和大豆酿造的低盐保健酱油；美国利用苹果胶和大米粉制成馅饼和含维生素的面包；韩国开发 100% 大米的冷面大米食品，以大米和葡萄混合发酵制成的保健酒；印度培育出的浸泡即可食用的大米。美国、日本、韩国、中国等实现了产业化生产米乳，近年来美国和欧洲开发了抗性淀粉、多孔淀粉、缓慢消化淀粉等，中国籼米多孔淀粉酶法成孔技术超过美国、日本的研究水平。国外利用大米或碎米提取淀粉替代脂肪，提取大米蛋白用于婴儿食品、作为营养补充剂或天然发泡剂和增稠剂日化用品。

副产品和废弃物综合利用。可从米糠中提取功能因子如米糠油、谷维素、植物甾醇、膳食纤维、菲丁、神经酰胺和多糖，用米糠制成可生物降解的方便面碗、餐盒及包装材料，米胚芽功能性食品的开发，稻壳用来发电，生产纤维板、糠醛、快餐盒、活性炭、多孔性吸附剂、日用品及化妆品等。我国米糠挤压稳定保鲜技术，米糠保质期可达 1 年，米糠全利用率达到 98%，使米糠附加值提高了 20 倍；伊朗在菜籽油中添加 3% ～ 6% 的米糠油即可提高菜籽油在油炸过程中的稳定性；日本高压热水提取物对水包油型乳状液的制备具有乳化和乳化—稳定作用，可用于亚油酸甲酯的胶囊化，可提高亚油酸甲酯的诱导期。韩国将米糠、海藻和奇异果磨碎发酵后得到的产物具有很高的抗氧化性、抗菌性、酪氨酸酶抑制活性及病原菌菌膜抑制活性，可用作抗氧化性饮料、牛奶添加剂、皮肤增白剂及抗菌剂。利用稻壳高温炭化稻壳灰中的硅可合成沸石，以及合成多孔或介孔材料用于吸附 CO_2、重金属和染料等，利用稻壳作为原料生产乙醇燃料，稻壳灰用于生产混凝土，稻壳与酚树脂混合物在 N_2 环境中在 900℃下碳化后再经一系列工艺可制作成稻壳陶瓷，稻壳还可作为修复骨骼的生物材料和生物玻璃制作过程中的发泡剂，用酸水解同时进行超临界 CO_2 萃取的方法可从稻壳中提取糠醛。

三、主要问题

栽培技术问题。长期以来，热带地区水稻栽培技术的研究没有得到农业技术推广部门的重视，栽培技术的研究远远落后于遗传育种的研究。

科研人才问题。东南亚国家普遍存在科研人员缺乏，特别是国家公益科研机构和大学。随着种业对人才的竞争，公益科研机构和大学特别缺乏水稻科研人员，严重限制了水稻的基础研究。

品种和技术知识产权问题。南亚和东南亚国家在农作物品种和农业生产技术知识产权保护的法律和措施方面普遍存在着较大的问题，这也使得种业不愿投资于研发新技术。

成果转化问题。热带地区各国的公益性研究机构都没有建立起有效的商业化机制来促进水稻成果的转化。近几年来，许多国家特别是越南都开始借鉴中国的经验，加强了公益性研究机构和种业的合作，从而促进研发成果的推广应用。

转基因技术的应用问题。水稻面临的一个新的重要挑战是转基因技术的使用和研究成果的管理。一些公益机构和种业正在将转基因技术应用于水稻研发，如新的不育系统和性状的创新等，但是各国都还没有完善的法律和相应政策管理转基因技术在水稻研发工作中的应用。

四、技术需求

从资源及其利用看，要提高种质资源利用率。全球约有 14 万份不重复稻种资源，需要系统性研究，加快野生稻有利基因利用。

从育种新技术及其育成品种看，要功能基因组研究与育种实践相结合。水稻基因的克隆工作应充分在育种中应用。要提高突破性品种数量，特别是产量与品质、适应性等结合好的品种。

从栽培技术及其配套看，选育的品种应适应机插、直播、抛秧等轻简栽培耕作制度变化的需求，同时重视生产技术多项技术协同性的突破。

从技术推广应用看，随着先进实用的技术普及应用力度加大，种粮大户规模扩大，也需要先进技术和精细化生产，在产量上克隆的优质基因真正运用到育种中。

玉　米

一、产业发展状况

从全球分布来看，2018 年，美国是世界上玉米播种面积和产量最大的国家，播种面积超过 3 500 万公顷，总产量超过 3 亿吨，占世界比重达到 35%。我国为世界上第二大玉米产区，播种面积约为 3 470 万公顷，总产量约为 2.20 亿吨，占全球比例约为 22%。巴西是世界第三大玉米产区，约占世界产量的 10%。这 3 个国家的玉米产量占世界总产量的 67%。其他玉米主要产区国家还包括欧盟、墨西哥、阿根廷、印度、非洲以及东南亚等国家和地区。热带地区玉米种植面积也占很大的比重，除了巴西以外，热带地区的墨西哥、印度、南非等国家，玉米种植面积占世界的比重分别为 2.40%、2.30% 和 1.60%。

近年来，东南亚地区的玉米种植面积稳步增长，种植面积比较大的国家印度尼西亚约320万公顷，菲律宾约220万公顷，泰国约190万公顷，越南约120万公顷，这3国合计占世界玉米面积的3.50%左右。缅甸和马来西亚玉米种植面积比较小，分别为65万公顷和30万公顷。玉米是世界上产量最高的粮食产品，也是世界上贸易量最大的粮食产品。玉米的主要出口国家和地区包括美国、南美和欧盟等，其出口比重超过60%，主要进口国有中国、日本、韩国等国家。

2014—2018年世界玉米生产情况

年度	收获面积（公顷）	产量（吨）	产值（万美元）	制品进口（吨）	制品出口（吨）
2014	186 873 496	1 050 103 434	25 200 208.47	144 556 390	145 877 249
2015	191 687 911	1 063 719 519	23 125 879.68	149 010 854	151 172 997
2016	196 770 197	1 138 431 880	19 632 138.36	155 912 742	159 111 661
2017	198 633 284	1 175 758 006	—	161 817 121	166 276 296
2018	194 904 400	1 159 138 756	—	—	—

中国的玉米

（福建省农业科学院　供图）

二、生产技术现状

品种培育。美国玉米育种处于全球领先地位，拥有丰富的种质资源。其育种种质血缘主要是利用衣阿华坚秆综合种血缘 BSSS（Stiff Salk，SS）做母本，其他血缘的种质为父本库（Non-Stiff Stalk，Non-BSSS 或 NSSS）。我国玉米种质主要以改良瑞德、热带亚热带种质和塘四平头等血缘为主的格局。从中美玉米种植经济效益差距看品种需求，需大力培育适应密植适宜机械化生产的新品种。我国单产和美国的差距比较大，我国玉米平均单产 6 000 千克 / 公顷，美国达到了 11 200 千克 / 公顷，巴西的玉米种植相对粗放，所以其单产不是特别高，更多的来自面积的变化。

栽培技术。美国是世界上最大的玉米生产国，是机械化、规模化高产高效生产管理技术最先进的国家之一。美国玉米生产技术简化有效，生产的关键环节和技术着重于播前准备、播种和收获，收获后施肥、处理秸秆与综合整地，生育期间基本上不进行田间管理。我国玉米生产机械化总体水平不高，特别是玉米收获机械化水平很低。伴随着农村经济的快速发展以及农村大量劳动力的转移，玉米生产机械化正处于快速发展阶段。

副产品和废弃物综合利用。玉米秸秆是主要农作物秸秆之一，来源广、数量大、价格低和开发利用潜力大。目前世界玉米秸秆年产量超过 10 亿吨，我国玉米秸秆数量约 2 亿吨。玉米秸秆是畜牧业的非竞争性饲料，玉米秸秆饲料化利用程度不高，用于饲喂家畜的仅占 25% 左右，而经过发酵（青贮、氨化等）后利用的秸秆仅占其总量的 10% 以下。每年大量的玉米秸秆被烧掉，浪费现象严重，产生严重的环境污染和社会问题。

三、主要问题

玉米主产区基础设施不完善。农业生产基础设施是提高玉米生产能力，降低生产成本的物质基础，也是提升农业抵御自然灾害和抗风险能力的保障。实施玉米主产区农业基础设施更新和完善工程，加大对玉米主产区综合生产能力建设投资，增加农田水利基础设施建设、中低产田改造、土壤质量改善等投资，提升玉米生产和抵御自然灾害的能力。同时，扩大适度规模化经营水平，有效降低生产成本。

机械化、集约化水平低。美国是世界上最大的玉米生产国，是机械化、规模化高产高效生产管理技术最先进的国家之一。美国玉米生产技术简化有效，生产的关键环节和技术着重于播前准备、播种和收获，收获后施肥、处理秸秆与综合整地，生育期间基本上不进行田间管理。我国玉米生产规模小，组织化程度低，机械化总体水平不高。伴随着农村经济的快速发展以及农村大量劳动力的转移，玉米生产机械化正处于快速发展阶段。以后要加强玉米免耕播种机械、精量播种机械、茎穗兼收机械的研发力度，构建联合收获机械化模式，即果穗收获与秸秆粉碎还田联合作业，一次完成摘穗、果穗升运、集中装箱、秸秆粉碎还田等工序。

创新要素不足。我国不是玉米多样性起源中心，玉米种质的遗传基础薄弱，血缘基础狭窄，骨干自交系逐渐退化，存在明显的遗传脆弱性，有导致减产的潜在威胁。美国玉米育种种质资源丰富，玉米育种效率很高，代表了当今世界玉米育种的最高水平，即使如此，美国目前所利用的玉米种质仍然不到玉米总种质资源的5%。尤其是热带、亚热带种质对生物和非生物逆境有很好的抗性，而且籽粒品质好，但这些种质都还没有充分的挖掘利用。种质基础的匮乏严重约束了玉米育种的创新能力。

高产高效栽培技术研发滞后。水肥管理不合理，农田普遍存在超量施肥、偏施氮肥的问题，直接造成肥料利用率低、生产成本居高不下；由于过多施用氮肥引起土壤酸化、地力退化和环境污染。

政策支撑不完善。完善中央、地方和企业相结合的储备调控体系，继续发挥储备粮稳定市场的作用。对于目前国内玉米深加工企业整体利润较差，持续亏损的局面，国家要加强政策支持，在补贴以及税收方面给予优惠政策，盘活企业，保证我国玉米工业快速、良性发展。加强期货市场引导粮价市场化运作机制，建立市场价格形成机制，逐步减少政府对市场的干预。

四、技术需求

大力加强“一机两改一保障”机制，即以全程机械化为核心，带动品种改良和土壤改良，面向主产区加强病虫害防控，促进农机农艺结合，通过技术创新和政策配合，提高玉米产业的可持续发展能力。

继续实施科企合作育种战略计划，调整育种思路和育种方向，集成与创新育种技术，培育原创性育种材料，加快新产品研发。要适应机械化作业，转变我国玉米品种选育、生产管理技术创新及其应用方式。加强玉米生产和产后加工及贮存技术的研发和升级。

玉米产量、抗性及水肥高效利用等分子机制的研究可为高产优质高抗水肥高效利用的新品种培育提供理论依据和重要的基因资源。

研发玉米分子标记、基因编辑、转基因等技术，完善玉米常规育种技术体系，通过分子设计育种与常规育种技术组装集成，构建高效精准的分子育种技术体系，聚合优异基因，创制高产、优质、抗病虫、抗逆、养分和水分高效利用、适合机械化作业等突破性育种材料和品种。

研发玉米重要有害生物快速检测、监测和预警技术，构建环境友好型综合防控技术体系，提高病虫害防控水平，促进玉米高效生产并保障其生态安全。

研发玉米高效专用肥、控效肥和药肥，建立玉米“水、肥、药”精准供给技术体系；

研发玉米农艺、农机和品种3结合的玉米全程机械化关键技术，建立与之适应的与耕作和种植制度，实现玉米“高产、优质、高效、集约、生态、安全”的生产。

研发玉米秸秆等副产物加工技术，提高相关副产品的质量，延长产业链，为提高产品附加值和产业整体效益提供技术支撑。

木　薯

一、产业发展状况

木薯是全球约8亿人口的主食，主要分布于热带和部分亚热带地区，具有粗生粗长、不与粮争地等优点，还是一种清洁、可再生的绿色生物质能源。根据FAOSTAT数据显示，2017年世界木薯种植面积约为2 634.23万公顷，产量为2.92亿吨，其中，尼日利亚、刚果（金）、巴西、泰国和印度尼西亚产量居全球前五位。世界木薯进出口贸易分为鲜木薯贸易、木薯干片贸易和木薯淀粉贸易。随着木薯种植面积和总产量的不断增加，以及木薯生产技术水平的进一步提升，世界木薯贸易总量也呈不断上升的趋势。虽然世界木薯干片贸易规模显著大于木薯淀粉贸易的规模，但木薯淀粉贸易增速要快于木薯干片贸易。2000—2016年，世界木薯干片、木薯淀粉贸易量呈波动增长态势。其中木薯干片贸易量从867.15万吨/年波动增长至1 910.09万吨/年，木薯淀粉贸易量从202.17万吨/年波动增至815.65万吨/年。2010年以来，世界木薯贸易规模加快扩大，从出口情况来看，世界木薯淀粉出口量从2010年的200.29万吨逐年增加至2016年的412.29万吨，出口额也从2010年的8.90亿美元增加至2016年的14.22亿美元；同期，木薯干片出口量和出口额年均增长率分别为7.36%和5.08%。2016年，受全球贸易不景气，主要是受我国木薯干片进口规模大幅减少的影响，世界木薯干片贸易量下降8.40%。

2014—2018年世界木薯生产情况

年度	收获面积（公顷）	产量（吨）	产值（万美元）	制品进口（吨）	制品出口（吨）
2014	25 547 160	290 942 989	4 585 990.403	42 632 869	40 193 144
2015	25 969 555	293 010 305	3 850 202.541	46 837 106	42 969 709
2016	25 035 089	288 497 460	3 427 977.587	47 590 858	42 803 397
2017	24 566 733	279 304 523	—	45 764 270	49 986 206
2018	24 590 818	277 808 759	—	—	—

中国海南的木薯

（中国热带农业科学院热带作物品种资源研究所　供图）

二、生产技术现状

品种培育。国际木薯研究主要集中在抗病毒、淀粉合成和磷酸化等方面。非洲木薯花叶病毒（CMD）、条斑病毒（CBSV）仍然是制约木薯发展的瓶颈。特别是 CMD 在亚洲的柬埔寨和越南局部地区发生，加重了对亚洲木薯产业发展的忧虑。而在国际方面，包括国际热带农业研究所（IITA）和印度已经利用来自木薯野生种（*Manihot grazzovii*）中的抗原基因，培育出抗病高产的木薯新品种，在西非和印度采用，增加了抵御和抑制 CMD 的技术措施。在 CBSV 方面，德国学者在来自南美洲种质资源中首次鉴定出抗 CBSV 的新种质，并通过遗传操作获得抗 CBSV 的木薯株系。

栽培技术。赞比亚的有机肥和化肥配施可增产鲜薯 24% ～ 29%，最高可达 35 000 千克 / 公顷。尼日利亚萨米亚地区利用木薯叶养蚕，在灌溉条件下，MVD1、H226、CO4 等木薯品种的高叶片生产量既能保证蚕食，又能保证块根产量。西非国家木薯、玉米、可可、水稻等作物的肥料利用率提高取得进展。低盐（NaCl）浓度促进木薯生长，可能与低盐胁迫下的 A20/AN1 表达量有关。柬埔寨、印度尼西亚等东南亚国家一直引进我国的木薯全程机械化生产技术及机具，我国也积极探索向非洲国家输出木薯全程机械化生产技术。

病虫害防控。国际上在病毒病、细菌性萎蔫病、害虫（螨）等木薯病虫害的防控方面取得较好的进展。病害防控研究主要集中在病毒病、细菌性萎蔫病等重要病害病原检测技术、抗病性反应机制、病毒病复合侵染及传毒介体及脱毒技术、抗病新种质培育等方面。木薯害虫（螨）防控研究主要集中在木薯害螨和木薯粉蚧等害虫（螨）生态适应性及生物防治研究，并取得较好的进展。

加工技术。在食品加工方面，脱脂豆粉、木薯淀粉、黄豆粉、甘薯粉和高粱粉等按不同比例混合后可加工面包和粥类食品，混合后峰值黏度具非添加性，与热面团或冷面团的流变特性差不多；在 Gari 粉加工时，块根发酵 4 天后，减少抗营养因子对 Gari 品质的影响，可降低 KONZO 病发生，如果利用冷冻块根加工 Gari 粉，Gari 粉物理化学特性会随着贮藏时间的延长而变化。发酵时，高温热水预处理技术可提高木薯茎秆降解过程 5 碳糖、6 碳糖的含量；而木薯淀粉加工废水以 12 500 千克 / 公顷的量灌溉木薯植株，可以显著提高木薯产量和块根淀粉含量，显著增加块根 P、Ca、Mg、S 和 Zn 含量。此外，在饲料加工方面，木薯叶与粉葛按 1∶0.6 的比例混合加工青贮饲料，发酵效果好、饲料营养品质较佳，羔羊的取食量增加。

三、主要问题

大多数木薯种植国家土地利用率很低，有大量的闲置土地，收获面积少、鲜薯总产量少、鲜薯单产停滞不前、投入低、粗放管理、零星种植，化肥、农药、农用机械等农业生产资源严重短缺，存在单一栽培导致效益较差、管理粗放和缺少施肥、产量较低等问题。

种植木薯的经济效益仍然缺乏竞争力，没有形成稳定的产品收购、深加工和供货渠道；相应的扶持和鼓励农户种植的政策措施还未成熟。木薯机械化程度低，生产机械化的推广仍然需要具体解决实用化的问题，不能实现低成本采收作业；存在种植成本高、鲜薯价格低、供需不平衡等问题。非洲木薯花叶病严重影响着木薯产业发展。

四、技术需求

围绕木薯产业发展，加大对木薯生产基础设施的投入力度，重点加强生产和良种繁育等基地设施建设，创建木薯生产示范区。促进木薯产业升级，加强木薯价值提升。加强农机农艺融合、完善木薯生产全程机械化装备体系。重视病虫草害的监测预警与控制研，强化木薯种苗检疫，做好种茎病害的抽样检测与监测，开展疫情阻截，创制抗非洲木薯花叶病种质。

马铃薯

一、产业发展状况

马铃薯是仅次于玉米、小麦、水稻之后的世界第四大粮食作物，是重要的粮菜饲果和工业原料作物，由于它耐旱、耐瘠薄、高产稳产、适应性广、营养成分全和产业链长而受到全世界的重视，在粮食安全方面发挥着重要的作用。全球大约有 160 个国家或地区种植马铃薯，据联合国粮食及农业组织（FAO）统计，2017 年马铃薯全球种植面积达到 1 930.26 万公顷，总产量 3.88 亿吨，2016 年进口量 0.13 亿吨，出口量 0.12 亿吨。

马铃薯具有较强的适宜性，从赤道到南北纬 40°的地区均可种植马铃薯，138 个热带国家或地区均可种植马铃薯。从世界范围来看，马铃薯有三大主产区，其中的两大主产区位于热区，主要范围包括热区 1 000 米以上高山主产区以及南亚等低地热带区。根据 FAO 统计，2017 年热带地区马铃薯种植面积约为 674.18 万公顷，总产量为 1.29 亿吨。从种植面积和产量来看，亚洲地区的马铃薯种植面积和产量最大，其次为非洲，大洋洲最少。

2014—2018 年世界马铃薯生产情况

年度	收获面积（公顷）	产量（吨）	产值（万美元）	制品进口（吨）	制品出口（吨）
2014	18 029 774	369 966 532	11 222 582.65	19 324 287	19 253 409
2015	17 998 732	365 748 227	9 887 612.776	19 203 725	18 868 948
2016	17 551 476	356 952 488	9 274 069.125	21 026 370	20 413 835
2017	17 623 660	373 774 234	—	22 441 431	22 432 523
2018	17 578 672	368 168 914	—	—	—

中国广东的马铃薯
（中国热带农业科学院南亚热带作物研究所　供图）

二、生产技术现状

品种培育。马铃薯育种主要以杂交育种和引种为主。热带地区由于高温短日照自然条件以及起步晚等因素，热区马铃薯的新品种主要以引种为主。目前，我国热区种植的主要品种有“大西洋”“荷兰薯系列”“陇薯 7 号”“合作 88”等。

栽培技术。各地区的栽培技术差异较大，但是总体落后于发达国家。各地根据自然条件开发出适宜本地区的成熟技术。在广东雷州半岛、广西壮族自治区（以下称广西，全书同）北部湾一带，地势平坦，土地较为集中，基本上实现了从播种到采收的全程机械化操作。而在惠州地区利用冬闲田重点示范推广两种种植模式——南方秋冬季马铃薯稻草覆盖免耕种植模式和华南地区冬种马铃薯稻草覆盖包芯栽培技术模式。

病虫害防控。热区马铃薯病害主要为青枯病和晚疫病。由于缺乏青枯病抗原，目前尚无高抗青枯病品种，也无有效的化学防控措施。目前也针对青枯病开发了一些拮抗菌，但是其田间效果有待进一步的提高。水稻—马铃薯轮作是防控青枯病的最有效手段。针对晚疫病建立了完善的田间监测体系，在一定程度上能够使用化学药剂进行防控。

加工技术。目前马铃薯加工主要以薯片、薯泥、薯条以及膨化食品等初级加工为主，也开发了一部分马铃薯馒头、马铃薯面条等食品，但是马铃薯加工方面的工艺与发达国家尚存在差距。国内外针对薯片和薯条加工过程中颜色、还原糖含量的变化等展开了较为深入的研究，明确了加工过程中颜色变化的主要原因。在副产品利用上，利用芽孢杆菌降解马铃薯加工废水生产抗菌脂肽。

三、主要问题

缺乏相关人才对热区气候、土壤、品种选育进行系统的分析和研究。虽然近年来得到了快速的发展，但是与欧洲等地区仍有着较大的差距。

四、技术需求

热区马铃薯产业发展应着力提高马铃薯单产水平、选育适宜种植的早熟品种、加大深加工和精加工、大力拓展马铃薯出口市场。

甘　薯

一、产业发展状况

甘薯是世界上重要的粮食、饲料和工业原料作物，在世界粮食生产中总产排列第七位，每年产量约 1.30 亿吨。根据 FAO 统计，甘薯广泛种植于世界上 111 个国家和地区，主要产区分布在北纬 40°以南，栽培面积主要分布在亚洲、非洲的发展中国家，其次为拉丁美洲，欧洲面积极少。亚洲栽培面积较大的国家有中国、越南、印度尼西亚等。非洲栽培面积较大的国家有乌干达、坦桑尼亚等。根据联合国粮农组织年报和甘薯产业技术体系调查报告综合分析，近年来，我国甘薯种植面积基本稳定在 450 万公顷左右，约占全球种植面积的 45%，甘薯总产量约 0.70 亿吨，年总产量约占世界总产量的 80%，是世界上名副其实的甘薯生产大国。甘薯种植主要集中在西南、华东、华中、华南地区。2017 年全国甘薯种植平均总生产成本 1.69 万元 / 公顷 ，净收益 2.63 万元 / 公顷。中国甘薯产业优势比较突出，但出口比例不高。2017 年我国甘薯出口贸易量为 4.42 万吨，贸易额 5 560.60 万美元，分别占世界甘薯出口贸易总量的 7.02% 和 10.58%，主要出口市场包括中国香港特别行政区、越南、日本等国家和地区。甘薯进口市场最活跃的是欧洲，约占世界进口量的 1/2，出口市场最活跃的是美洲，约占世界出口贸易量的 60%，世界主要进口国为英国、日本和加拿大等，主要出口国为美国、中国和埃及等，其他发展中国家少有进出口贸易。

2014—2018 年世界甘薯生产情况

年度	收获面积（公顷）	产量（吨）	产值（万美元）	制品进口（吨）	制品出口（吨）
2014	8 142 285	93 357 888	2 757 368.783	386 549	361 347
2015	7 943 201	91 473 467	2 663 646.616	441 106	419 956
2016	8 026 581	89 985 845	2 612 371.702	547 536	536 619
2017	8 034 466	91 219 184	—	617 338	688 458
2018	8 062 737	91 945 358	—	—	—

中国的甘薯

（欧文军　摄）

二、生产技术现状

品种培育。甘薯品种选育以杂交育种、生物技术育种等技术为主。随着农业产业结构调整以及对甘薯营养价值的再认识，甘薯不仅仅是早期的“度荒救灾”粮，更是重要的工业原料和新型生物能源作物；其育种目标也向多样化方向发展，并取得一定进展。选育了一批专用型甘薯品种，包括高淀粉甘薯，如苏薯 2 号、绵粉 1 号、遗 306 等；高胡萝卜素甘薯，如维多丽、徐 22–5、大南伏等；高花青素（紫色）甘薯，如宁紫薯 1 号等；菜用甘薯，如福薯 7–6、台农 68、台农 71 等；观赏甘薯，如观叶甘薯台薯 81–5、台湾紫秧、葡萄叶等。近年来，我国选育了一批通过省级或国家鉴定的专用型新品种。甘薯作为优势经济作物受到人们的广泛关注，品种需求向高淀粉、高胡萝卜素、高花青素、菜用、观赏以及抗病、适于机械化操作等多元化发展。专用型甘薯选育是甘薯产业的基础，而多用型甘薯品种的选育可充分挖掘甘薯的经济价值、营养价值和加工利用价值，具有适应市场能力强，经济效益高等优势，是甘薯产业发展的方向。

栽培技术。世界上甘薯技术发展状况发展极不平衡，其中发达国家具备完善成熟的甘薯栽培技术和安全贮藏等生产技术，生产机械早已实现专用化、标准化；而发展中国家栽培技术和安全贮藏等生产技术落后，机械化程度低。目前我国在甘薯栽培上越来越精细化，围绕甘薯生产中重氮肥、轻磷肥、少钾肥等直接影响甘薯产量和品质的施肥问题，地膜覆盖，不同栽培模式下甘薯生长发育及生理特性进行了大量的研究。技术集成了“一季薯干超吨”“丘陵薄地产量倍增”等栽培技术，建立了不同薯区氮、磷、钾养分丰缺指标，提出了操作性强的配方施肥技术。针对近年来甘薯病毒病在我国大面积发生，在病毒种类鉴定，快速检测技术等方面取得了重要进展。耕作方式开始向机械化发展，但耕种收综合机械化水平距离发达国家尚有较大距离。

加工技术。发达国家生产的甘薯主要用来加工方便食品和鲜食，发展中国家的甘薯仍然作为粮食，特别是一些非洲国家几乎将甘薯全部作为食物能量重要的来源，少有加工。生产的甘薯主要用于饲料、鲜食、方便食品和工业加工等，甘薯加工领域主要涉及甘薯色素及抗氧化能力、甘薯深加工技术、甘薯营养成分及药理作用研究，并在淀粉生产技术、甘薯乙醇发酵、甘薯膳食纤维等方面取得了重要进展。目前主要用于加工粉丝、粉条、粉皮制品以及淀粉类休闲食品，近期还发展了以甘薯、木薯、甜高粱等为原料的燃料乙醇技术。

三、主要问题

发达国家具有较好的平台和资金支持，甘薯产业发展稳定，不断扩大国际市场。非洲、东南亚、太平洋岛国等发展中国家，缺少平台和资金投入，甘薯种质资源保存的基础设施设备得不到更新换代，加之病虫为害，常常导致资源丢失。这些国家即使设有研究机构，也缺少经费和固定的科技人员，缺乏交流和学习，现代研究方法得不到应用。农机农艺配套轻简化栽培技术难以取得突破性进展，甘薯种植人工成本太高，影响产业的发展。选育品种的专用性还相对较差，缺乏不同类型的代表性品种。我国甘薯种植面积和产量均居世界首位，但甘薯的加工业发展却很缓慢，加工模式落后，产品附加值低，经济效益差。

四、技术需求

甘薯品种需求正向多样化专用型发展，受甘薯不亲和型和育种亲本遗传关系狭窄的影响，新品种的选育越发艰难。甘薯病虫害、机械化、安全贮藏和加工仍然是产业发展的束缚，因此有必要联合热区的国家，加强对甘薯特异种质资源收集、保存和创新利用，构建甘薯种质资源共享利用合作体系，加强特色资源的创新利用，利用分子标记辅助选择培育优质专用型甘薯新品种，特别是耐病毒甘薯品种选育及配套病虫害综合防控技术体系建立，联合防控毁灭性病虫害的蔓延。开展机械引进改良利用，加大对甘薯安全贮藏和加工技术研发，集成绿色无污染高效加工技术，提高甘薯的附加值，解决甘薯加工对环境的污染问题，促进产业健康发展。

面包果

一、产业发展状况

面包果是多年生的木本粮食作物，原产于南太平洋的波利尼西亚和西印度群岛，分布于萨摩亚、汤加、斐济、瓦努阿图、牙买加、马尔代夫、毛里求斯、夏威夷、巴西；亚洲的印度尼西尼、菲律宾、越南及非洲的部分国家及地区广泛种植。面包果是南太平洋地区重要的粮食作物，对当地食品安全做出了实质性贡献，主要作为家庭自给自足的作物，但作为规模化商业化栽培相对较少，一般是农林作物复合栽培的重要组成部分，资金、劳动力成本投入较少，是名副其实的懒人作物。在原产地面包果主要生产供当地使用，大多数国家很难获得商业生产数据，其中在南太平洋地区，萨摩亚是面包果主产区之一，有 5 000 多个农场种植面包果，总面积约 0.33 万公顷，主要用于家庭消费。斐济全国农业普查表明，2010 年面包果树约有 2.5 万棵，种植面积 2 万多亩（1 亩 ≈667 平方米，

15 亩=1 公顷，全书同），近几年，在当地农业部门的努力下，种植面积逐年增加。加勒比地区也是面包果的主产区，特别是牙买加有种植面包果的传统，该国面包果种植面积最大时超过 0.67 万公顷，其他的太平洋岛国和非洲地区零星种植；印度、巴基斯坦、印度尼西亚等国家种植面积有上升趋势，缘由劳动力投入少，且获得产量高。目前我国海南、广东、台湾等地有引种栽培，特别在海南省万宁市兴隆周边房前屋后常有种植，市场上流通比较少，其他地方的人们并未了解其功能用途，未被老百姓普遍认知。据不完全统计，世界面包果种植收获面积约 3.33 万公顷，平均产量可达 26.67 千克 / 公顷，亩产值约 800 美元 / 年，年产值约 4 亿美元。

汤加的面包果
（秦晓威　摄）

二、生产技术现状

品种培育。美国夏威夷国家热带植物园的面包果研究所从事面包果资源研究较早，建有世界上最大和资源量最丰富的面包果资源保存圃，该研究所从整个太平洋群岛地区，以及塞舌尔、菲律宾和印度尼西亚等地收集保存了120个品种、共220多份的面包果资源，为面包果品种选育奠定了坚实的基础。南太平洋农业委员会公布的一项面包果调查研究结果显示，根据叶形及叶子裂片、果实颜色、果实形状、果实质地和保存期等性状把面包果的品种分为不同类型。目前在国外主产国选育推广的优良品种主要有Afara、Hamoa、Puou、Buco Ni Viti、Balekana Ni Samoa、Uto Wa；我国面包果的研究处于引种试种阶段，xys1号、xys3号等是中国热带农业科学院香料饮料研究所从兴隆地区华侨引进面包果资源中筛选出的优良品系。

栽培技术。面包果主要作为庭院种植作物，常植于房前屋后，村庄边缘和公路边等，集中连片种植较少，必须标准化种植，才能促进产业发展。当定植成活后，后期的人力劳动成本投入较少。近年来，斐济、印度尼西亚等国家重视该小宗作物的研究，从面包果的品种选择、繁殖技术、园地选择、施肥、灌溉、修枝整形等技术方面开展田间研究，研发出适合自己国家的栽培技术。但总体来说，面包果产业栽培管理粗放、技术不配套、产量不稳定等现状常见，普遍未采用机械化。

病虫害防控。面包果通常树形健壮，病虫害发生相对较少，有效地防治面包果病虫害是丰产稳产不可或缺的重要环节。国内外对面包果病虫害的防治均以化学防治、农业防治为主，生物防治研究和应用不多。国内面包果病虫害的研究刚起步，在国外或原产地，其研究相对较为深入。国外面包果通常遭受盾蚧、粉蚧和叶片褐斑病为害。面包果病虫害发生通常具有区域性：二斑叶蝉在夏威夷为害严重；平刺粉蚧在非洲西部的一些地区为害；座坚壳属真菌则被对特立尼达和格林纳达的面包树威胁较大，传播速度也相对较快；根结线虫在马来西亚为害严重，通常引起面包树生长缓慢、分枝减少、叶片发黄和根系不发达等症状。很多病原菌都可以导致面包树果腐病，包括疫霉菌、炭疽病菌和根霉菌，这些病原物通常为害熟透的果实，及时采摘成熟果可以有效地避免为害。亚洲果蝇也会为害熟透的果实和掉落的果实，在菲律宾可以导致30%左右的损失。

加工技术。面包果在采收后1～3天迅速成熟变软，国外一些学者为了延长面包果的货架期也开展了采后保鲜的相关研究。原产地常用椰子油或植物油将其制成油炸小产品出售，油炸食品对原果风味损失严重，产品较难达到出口的相应标准。原产地具备规模加工能力的生产企业较少，产量有限，加工工艺落后。果干加工主要采用干燥后磨粉为主，将面包果切片或切碎，用太阳能烘干机、干燥机、电动烘干机烘干，再研磨成粗粉或面粉。面包果几乎没有精深加工产品。

三、主要问题

目前在国外原产地的面包果集约化的商品生产基地还很少，均处在庭院栽培阶段，栽培管理粗放、技术不配套、产量不稳定等现状。面包果采收后，果实会在1～3天迅速软化，保存面包果品质及其果实后熟面临着困难。萨摩亚、斐济、巴西、波多黎各和喀麦隆等国研发了面包果淀粉加工，但设备工艺简单，加工规模小；牙买加有生产盐水切片面包果罐头，少量生产面包果粉和脆片，但工厂化加工仍然处于初级阶段。

四、技术需求

加强面包果种质资源创新利用和良种选育，特别是矮化品种、耐寒优质等优良品种选育；提升标准化生产技术水平，以生产基地为载体，建立优良种苗繁育基地，确保种苗质量，提供优质种苗；综合丰产配套技术与示范，包括配套矮化栽培技术、病虫害防治技术以及合理施肥技术；开发面包果保鲜技术及淀粉精深加工产品，延伸产业链，提高产品附加值；此外，通过产学研结合，提高规模化和组织化水平，整合标准化种植、采后保鲜贮运、品牌建设等产业链优势资源，建设专业化服务平台，推动技术成果推广应用。

椰　枣

一、产业发展状况

椰枣是阿拉伯国家和地区的主要粮食作物，在各国国民经济中占有举足轻重的地位，同时也是该地区宗教和民族信仰的圣物。在北非、西亚、中东、印度河流域广泛种植。目前，阿拉伯国家约有椰枣树 1.50 亿株，种植面积 500 万公顷，年产椰枣 450 万吨，在确保阿拉伯国家粮食安全和生态安全中发挥着重要作用。据不完全统计，中国每年进口椰枣约 1.05 万吨。世界椰枣生产和大宗出口主要集中在西亚和北非，是这些国家出口创汇的重要来源。椰枣基本以原果出口为主，加工产品不丰富，深加工产品缺乏。伊拉克、埃及、沙特阿拉伯是世界上椰枣生产和出口的主要国家，沙特阿拉伯全境有 2 400 万株 400 多个品种的椰枣，年产量达到 100 万吨，每年本国消费达到 50 万吨，其余用于出口。伊拉克全国有椰枣树 3 200 多万棵，人均 3 棵，约占全世界椰枣树总数的 1/3，年产椰枣 40 多万吨，80% 出口到世界 50 多个国家和地区，为该国大宗创汇产品。埃及也是世界上较大的椰枣种植国家，年产量达到 110 万吨，除了本国自己销售外，椰枣出口也成了该国创收的一项重要来源。

2014—2018 年世界椰枣生产情况

年度	收获面积（公顷）	产量（吨）	产值（万美元）	制品进口（吨）	制品出口（吨）
2014	1 087 017	7 419 201	1 213 403.53	1 204 703	1 232 835
2015	1 047 222	8 078 879	1 118 346.79	1 135 601	1 171 635
2016	1 096 909	8 288 237	981 481.17	1 190 322	1 256 084
2017	1 089 321	8 384 286	—	1 191 749	1 252 971
2018	1 092 104	8 526 218	—	—	—

阿拉伯联合酋长国的椰枣

（徐中亮　摄）

二、生产技术现状

品种培育。椰枣早期多为分株繁殖，世界共有椰枣品种 2 000 多个，其中沙特阿拉伯

450 种，主栽品种有 Aseel、Dhaki、Popo、khadrawi、Shishi、Majoul、Malakabi、Sewi、Hyany 等。2014 年沙特阿拉伯和中国科学院遗传所联合完成了椰枣的 2 代基因组测序和基因图谱绘制工作，加快了椰枣种质资源的精准评价和分子辅助育种的进程。阿拉伯联合酋长国已成功构建了椰枣的快繁技术体系，并成立了国家椰枣组培工厂，实现了椰枣种苗快速繁殖的产业化。我国建有椰枣种质资源圃，共收集了来自阿拉伯联合酋长国、沙特阿拉伯、埃及等多个国家的椰枣种质 32 份，并开展了品种适应性和优良品种选育等研究工作。

栽培技术。因国家经济发展水平不同，各个国家的栽培技术差距很大。如种植间距在巴基斯坦地区以（6 米 ×6 米）～（8 米 ×8 米）为主，而在沙特阿拉伯与阿拉伯联合酋长国则以（8 米 ×8 米）～（10 米 ×10 米）为主。灌溉方式也有很大不同，阿拉伯联合酋长国等国已经形成了微滴灌节水栽培技术体系；而巴基斯坦除了部分地区能采用排水漫灌外，仍依赖自然降雨灌溉。

病虫害防控。红棕象甲对椰枣的为害最为严重，当前防治措施主要有灌药、诱捕等方式。我国阐明了红棕象甲的种群动态和入侵规律，构建了发生量预测模型，研发出红棕象甲早期诊断技术，并发明了聚集信息素微胶囊引诱剂、诱芯及诱捕器等系列产品，形成了红棕象甲绿色综合防控技术体系，在阿拉伯联合酋长国等地区进行了示范推广。

加工技术。当前的椰枣加工仍以晾晒、磨浆等初加工方式为主，主要产品有椰枣干、椰枣坚果、巧克力椰枣酱、椰枣浆等，尚未形成相关深加工技术和质量标准体系。

三、主要问题

椰枣以无性繁殖为主，繁殖系数低，对资源的种质创新精准评价不够。产业链条短，椰枣主产国主要以椰枣原果出口为主，精深加工滞后。为害棕榈植物的病虫害对椰枣威胁严重，需强化椰枣病虫害绿色防控体系。缺乏椰枣产业关键领域成熟技术的一体化集成示范。

四、技术需求

基于从不同国家和地区引进的椰枣种质资源，建立我国椰枣种质资源圃（基因库），对引进的椰枣种质资源的重要农艺性状进行评价，加快选育适合我国热区气候类型的椰枣品种。开发 SNP 标记，对椰枣种质资源的表型数据和基因型数据，进行全基因组关联分析，对椰枣重要农艺性状进行基因定位，将关联分析定位的结果与 QTL 扫描的结果进行比较分析，最终得到椰枣各重要农艺性状控制基因所在位点。开发与重要农艺性状关联的分子标记，进行椰枣育种群体筛选，进而建立椰枣分子育种体系。

以对椰枣产量影响严重的病虫害二疣犀甲、椰枣天牛、椰枣小细蛾等为研究对象，研发以引诱剂、灯诱和微生物防治为主的无公害防治技术，构建椰枣病虫害预警及绿色防控技术体系。椰枣功能性物质的提取、纯化、鉴定、功能性评价及功能性产品开发，并对其强活性提取物、组分或单体化合物进行功能性食品、食品或饲料添加剂及其他日用品等产品开发。椰枣传统加工工艺改造及产品研发，针对传统加工产品的发展瓶颈问题，进行工艺改造，开发高附加值的新产品。选择代表性地域，针对核心种质，成熟技术进行一体化集成示范，推动技术向社会转移。

第二章

热带油料作物

椰　子

一、产业发展状况

椰子是重要的热带油料作物，在亚洲、大洋洲、非洲、美洲等热区的 93 个国家和地区均有种植。2000—2018 年椰子在世界各洲的分布比例为：亚洲 80.84%、非洲 10.40%、美洲 4.79%、大洋洲 3.96%。2018 年世界椰子收获面积达 1 238.11 万公顷，总产量 6 186.54 万吨。我国椰子种植面积为 2.81 万公顷，90% 以上分布在海南省，年产椰子 2.27 亿个。2016 年我国共进口椰子 34.40 万吨，对外依存度超过 90%。据 FAO 统计，世界椰子大宗贸易产品主要有椰子油、椰干、椰蓉和椰粕等。2018 年，世界椰子的进口总量为 91.73 万吨，贸易额为 43.23 亿美元；出口总量为 103.84 万吨，贸易额 37.87 亿美元。椰子油的进口总量为 116.66 万吨，贸易额为 14.71 亿美元，出口交易总量为 107.70 万吨，贸易额达 12.17 亿美元；椰粕的进口总量为 59.56 万吨，贸易额为 13.14 亿美元，出口总量为 55.08 万吨，贸易额 11.37 亿美元；椰蓉的进口总量为 40.24 万吨，贸易额为 8.43 亿美元，出口总量为 38.48 万吨，贸易额 7.62 亿美元；椰干的进口总量为 15.37 万吨，贸易额为 12.59 亿美元；出口总量为 15.15 万吨，贸易额 11.93 亿美元。

2014—2018 年世界椰子生产情况

年度	收获面积（公顷）	产量（吨）	产值（万美元）	制品进口（吨）	制品出口（吨）
2014	11 827 960	61 446 372	1 141 910.149	3 182 523	3 498 709
2015	11 915 093	59 419 784	991 290.540 1	3 326 945	3 444 331
2016	12 092 749	60 591 792	1 015 104.925	3 223 589	3 297 290
2017	12 273 114	60 444 228	—	3 452 010	3 524 287
2018	12 381 051	61 865 423	—	—	—

密克罗尼西亚的椰子
（范海阔　摄）

二、生产技术现状

品种选育。国际椰子遗传资源网记载了各类椰子种质资源达 1 400 多份，但这些资源的评价多为表型特征描述，基因型评价缺失严重。2017 年中国热带农业科学院椰子研究所首次完成并公布了高种椰子的全基因组草图，为椰子种质资源的精准评价和分子辅助育种打下了坚实基础。目前世界椰子主栽品种有 100 多个，可分为高种、矮种和杂交种三大类。我国椰子的主要栽培品种有海南高种和中国热带农业科学院椰子研究所选育的杂交品种文椰 78F1、文椰 2 号、文椰 3 号、文椰 4 号、文椰 5 号、文椰 6 号等优良矮种。

栽培技术。椰子种植在丰产高效栽培方面，已经形成了科学的水肥管理技术体系。针对椰子非生产期长，种养模式单一、土地利用率低和经济效益低等突出问题，筛选和构建了幼龄椰子间种西瓜、菠萝等短期经济作物，成龄椰子林下养鸡、种草、养羊等的立体种植模式以及相配套的生产管理技术，提高了椰园土地利用率和综合经济效益。

病虫害防控。椰子病虫害防控以生物综合防控技术为主。椰子（包括野生种）共有

984 种有害生物，主要虫害有红棕象甲、二疣犀甲和椰子织蛾等。毁灭性病害主要是致死性黄化病，该病害曾给墨西哥和其他中美洲国家的椰子产业造成严重损失。我国椰子的病虫害主要有椰子泻血病、茎干腐烂病、椰心叶甲、红棕象甲、二疣犀甲、椰子织蛾和红脉穗螟等，曾对我国的椰子种植和生态安全构成了严重威胁。中国热带农业科学院引进的椰心叶甲天敌——椰扁甲啮小蜂（引自中国台湾）和椰甲截脉姬小蜂（引自越南），经驯化、风险评估、应用示范后，现已形成一套以这 2 种寄生蜂为主的椰心叶甲生物防治技术体系，有效控制了我国椰心叶甲的发生和为害。

加工利用。椰子综合加工利用程度较高，相关产品涉及食品、医药、日用品和手工艺品等 360 多种。椰衣可生产椰棕床垫、门垫和栽培介质，椰壳可用于制备手工艺品、活性炭或建筑装饰材料，椰肉能加工成椰子油、椰子粉、椰子糖、椰子汁等休闲食品，椰子水可发酵成椰纤果，椰子木制作家具等，基本实现了椰子的全利用。同时椰子的药用价值开发也达到了一定水平，如菲律宾科学家利用椰子水生产出了强力抗菌素——氧化四环素，椰子油分提物——中碳链甘油三酯（MCT）在保健食品和医药行业中也得到广泛应用。另外，椰子副产物也得到了有效利用，如印度尼西亚和我国研发了椰花汁的高效采集及加工技术，生产了椰花汁果酒、糖浆、饮料和醋等系列产品。

三、主要问题

基础设施投入不足，科研环境有待改善。椰子主要分布在非洲、东南亚、大洋洲等发展中国家，这些地区在科研资金投入和基础设施建设等方面的力度十分有限，从事椰子科学研究的支撑条件较差，导致椰子抗寒育种、组织培养、主要病害传播媒介和微生物污染源鉴定等对科研条件要求苛刻的研究难以开展，给产业的科技创新和持续进步带来了严重影响。

椰子资源和产业发展不均衡，资源束缚问题突出。椰林种植零星，管理粗放，良种覆盖率低；水果型矮种椰子发展较晚，新品种椰子收益高，但种苗繁殖系数低，目前尚无法满足快速发展市场的需求，椰子的种植业和加工业之间存在着显著的不平衡，产业单一畸形发展的现象普遍存在。如非洲、东南亚、大洋洲等地的发展中国家的油料种植业发达，但部分油料作物精深加工技术相对薄弱。我国椰子加工业较为发达，但 90% 以上加工原料进口依赖度极高。加工企业研发不足。不均衡发展导致热带油料产业中的资本、技术和人才输出以及产品贸易等极易受到国与国之间相关政策的影响。

创新平台和人才匮乏，科技驱动力不足。受制于经济发展水平的限制，椰子主产区的优质教育资源较少，从事椰子科技创新的人才较为匮乏，直接导致科技创新能力严重不足。科技支撑力量薄弱，生产技术体系薄弱，严重制约椰子产业持续发展，继续强化科技支撑；一二三产业融合不足。另外，不同国家和地域之间的产学研平台构建、人才交流的体制机制尚不成熟，先进技术在行业的推广应用难度很大，成为长期制约产业发展的关键瓶颈。

四、技术需求

建立椰子的组织培养和遗传转化体系，开展分子设计育种研究，培育抗寒、高产、脂肪酸改良的热带油料新品种。椰子精准施肥技术。研究椰子生长周期内的养分循环规律，按照热带土壤发育特性和椰子的营养元素需求规律对土壤肥力进行定向培育，建立资源高效利用、椰子养分和间种模式管理技术体系并制定相关技术规程。椰子重大病虫害早期监测技术。开展热椰子重要病虫害的快速鉴定及 PCR 检测技术、发生和变异规律分析、变异趋势预测研究，建立标准化早期鉴定评价方法和指标体系。

研发智能化装备，促进椰子产业技术革新。开展椰子的机械化和智能化采摘、实时远程管理调控、油脂压榨和分提等装备的研发工作，提升椰子产业的智能化水平。椰子油脂品质提升技术与功能性产品开发。开展椰子油脂功能性伴随物的功效评价与开发利用技术研发，改进油脂传统加工工艺，提升椰子油脂的市场认可度和国际化。

油 棕

一、产业发展状况

油棕（*Elaeis guineensis* Jacq.）是世界上产油效率最高的热带木本油料作物之一，享有“世界油王”之称。平均每公顷年产油量高达 4.27 吨，高产品种 8 ～ 9 吨，是花生的 5 ～ 6 倍、大豆的 9 ～ 10 倍。目前全世界共有 43 个国家和地区种植油棕，马来西亚、印度尼西亚、泰国、哥伦比亚、尼日利亚 5 个主产国的油棕产量占世界总量的 92.5%。全球种植面积约 1 650 万公顷，棕榈油产量达 7 000 万吨，占主要植物油种类总产量的 34.54%，棕榈油分别占全球主要植物油进口总量和出口量的 62.67% 和 61.02%，表明棕榈油在全球的主要植物油中占据非常重要的地位。中国是全球最大的棕榈油进口国与消费国之一，对国际棕榈油的依赖性很强。目前，我国的食用油供给形势非常严峻，2018/2019 年度我国食用油的自给率为 30.1%，2019 年我国进口棕榈油 755.2 万吨，占我国进口食用植物油总量 1 152.7 万吨的 65.54%，占我国年度食用油的消费总量 3 978 万吨的 18.98%，且全部进口，是我国第二大食用植物油脂。

油棕的主要加工产品为棕榈油和棕榈仁油，副产物为油棕粕。2016 年，世界棕榈油的进口量为 4 218.45 万吨，贸易额达 3 076.41 亿美元；出口总量为 4 213.98 万吨，贸易额达 2 769.03 亿美元。棕榈仁油的进口量为 292.49 万吨，贸易额达 342.83 亿美元；出口总量为 269.42 万吨，贸易额达 324.09 亿美元。油棕粕的进口总量为 752.29 万吨，贸易额为 86.98 亿美元；出口总量为 657.68 万吨，贸易额达 66.57 亿美元。

2018 年全球棕榈油进口量和出口量分别为 5 085 万吨和 5 276 万吨，和 2016 年相比，都呈现不断上升趋势。棕榈油主要消费国家和地区为印度、印度尼西亚、欧盟、中国、马来西亚、巴基斯坦等。

2014—2018 年世界油棕生产情况

年度	收获面积（公顷）	产量（吨）	产值（万美元）	制品进口（吨）	制品出口（吨）
2014	19 414 980	343 176 919	7 771 330.704	45 600 981	45 721 853
2015	20 263 351	360 085 077	6 292 230.03	50 126 888	50 260 077
2016	18 560 904	313 724 107	6 977 235.112	44 915 970	45 044 782
2017	18 744 464	339 584 096	—	50 281 452	50 388 686
2018	18 917 400	343 508 324	—	—	—

印度尼西亚的油棕

（曹红星　摄）

二、生产技术现状

品种选育。马来西亚建成了世界上最大的油棕种质资源圃，占地面积达406公顷，收集了非洲、美洲等地区大量的野生和半野生的油棕种质资源，是世界第二大植物种质基因库。该平台向全世界开放，提供序列信息、功能分类、克隆信息等油棕基因信息查询服务。通过杂交育种和转基因育种技术成功培育出D×P系列、GH500等系列抗虫、抗病、高产的油棕杂交新品种。马来西亚、哥斯达黎加，尼日利亚、巴布亚新几内亚和中国等国家均实现了油棕的体外组织培养，并成功地将组培苗经驯化育苗和大田试种，加快了油棕新品种的繁育速度。

栽培技术。形成了较为成熟的高产栽培技术体系，利用地球信息、全球定位及微观分析来系统地指导油棕种植的精细化管理，并在翻耕土地、施肥、采果、运输等生产环节基本实现了机械化。

加工利用。形成了成熟的脂肪酸分提技术体系，针对棕榈油的脂肪酸组成特性，开发了棕榈液油、棕榈硬脂等不同级别的系列分提产品，目前已广泛应用于人造奶油、起酥油、乳化剂、饲料、洗涤去污剂、化妆品等产品中，有效地提高了棕榈油的附加值。

三、主要问题

抗逆优良新品种缺乏，种植区域受限。以我国为例，我国南方处于世界热区边缘，目前仍然缺乏适合我国热区较大规模种植的新品种，同时离体快繁优良种苗技术尚未突破，导致油棕产业发展区域受限。

栽培技术体系不健全，种植效益较低。缺乏配套高产高效栽培技术，机械化程度低；病虫害预警与监测技术研究薄弱，重大病虫害防控体系尚未建立，综合经济效益还有较大的提升空间。

加工技术环节不健全，抗风险能力差。副产物未充分利用，产品附加值低，市场竞争力和抗风险能力不高；国际贸易和产业发展信息等产业经济研究需进一步完善。

四、技术需求

优良新品种培育。加大种质资源收集保存力度，在引种试种的基础上，培育适合我国热区种植的抗寒、高产、优质油棕新品种，同时进一步通过遗传改良，培育高不饱和脂肪酸的油棕新品种。组培快繁技术。开展油棕组培苗研发，实现优良种苗的快繁。

标准化栽培技术体系。开发油棕专用肥，提高肥料利用率，降低生产成本；开展重要害虫二疣犀甲的防控技术的研发及开发信息素的推广利用；开展椰子的机械化和智能化采摘机械研发与推广。棕榈油脂品质提升技术与功能性产品开发。开展红棕油、维生素 A 等高附加值产品的研发，改善油品，提高棕榈油市场的接受度。

第三章

甘 蔗

一、产业发展状况

甘蔗是最重要的制糖工业原料，原产于热带和亚热带地区。甘蔗生长需要高温、高湿条件，全世界七大洲除南极洲和欧洲因所处的纬度高、温热条件差不适宜种植甘蔗外，其他五大洲均种有甘蔗。目前全球有105个国家或地区种植甘蔗，甘蔗总产量的79%集中在巴西、印度、中国、泰国、巴基斯坦、墨西哥、澳大利亚、哥伦比亚、危地马拉、美国等区域。2017年世界甘蔗种植面积约2 700万公顷，甘蔗产量19.46亿吨。我国甘蔗产量居世界第三位，占世界总产量的5.36%。从2017/2018榨季来看，世界甘蔗糖产量达1.55亿吨，占全球食糖产量的77.20%，蔗糖产量的82%集中在巴西、印度、泰国、中国、巴基斯坦、墨西哥、澳大利亚、美国、危地马拉、哥伦比亚等国，我国蔗糖产量居世界第四位，占世界蔗糖产量的6.41%。全球食糖消费量呈波浪式不断地增长，年均增幅达到3.05%。2017/2018榨季，世界食糖消费为1.84亿吨，印度、欧盟、中国、巴西、美国、印度尼西亚、俄罗斯、巴基斯坦、墨西哥、埃及前十大国家（或区域）食糖消费占世界食糖消费的62.50%，我国食糖消费占世界食糖消费的9.12%。2017年世界食糖进口量约6 010万吨，出口量约6 226万吨，2017/2018榨季因食糖大幅增产，全球食糖大幅供给过剩，2018/2019榨季供求形势略有好转，可能出现小幅过剩局面。

2014—2018年世界甘蔗生产情况

年度	收获面积（公顷）	产量（吨）	产值（万美元）	制品进口（吨）	制品出口（吨）
2014	27 097 158	1 885 955 643	10 173 463.79	63 169 784	64 196 883
2015	26 616 785	1 875 060 932	8 737 665.187	65 271 583	66 684 568
2016	26 597 599	1 874 611 396	8 731 234.648	65 260 956	72 367 297
2017	26 128 714	1 851 333 716	—	66 833 330	72 271 403
2018	26 269 819	1 907 024 730	—	—	—

中国的甘蔗
（中国热带农业科学院热带生物技术研究所 供图）

二、生产技术现状

品种培育。世界各甘蔗主产国以常规杂交育种为主、突变和分子育种为辅培育了一系列甘蔗新品种。巴西的育种效率较高，注册品种较多，且较为重视氮高效和糖能兼备品种的选育，主要育有 RB、CTC、IAC、CB、SP 等系列的品种；美国甘蔗新品种选育和推广应用效率很高，每年均有 3 ～ 4 个新品种推向生产，每 6 个新品种就有 1 个能够被大面积推广应用，选育品种以 CP 系列为主，其以高糖著称，同时对甘蔗嵌纹病、根腐病及赤腐病等具有较强抗性，其中应用最广泛的品种是 CP57-614、CP67-412、CP72-1210 和 CP84-1198 等；澳大利亚甘蔗产业研究有限公司（SRA）是澳大利亚最主要的甘蔗育种机构，其育种成功率高、效益好，在甘蔗家系选择、高糖育种技术研究和应用上居世界领先地位，育成品种以 Q 系列命名，该系列品种占澳大利亚甘蔗推广应用面积的 95% 以上；印度培育出以 Co 系列（如 Co221、Co244、Co290、Co419 等）为主的优良品种，其中 Co290、Co419 被称为世界性亲本，世界各国育成品种很多是它们的后代。相对以上几个国家，我国甘蔗育种总体效率不高，至今虽已选育甘蔗品种 200 多个，包括桂糖系列、粤糖系列、福农系列、桂柳系列、云蔗系列、中蔗系列、中糖系列、赣蔗和川蔗等，但普遍存在品种适应性不强，适于机械化品种较少，新品种推广应用覆盖率不足等问题。近年来，以桂糖、云蔗、粤糖等为主的品种推广应用取得重大突破，其中桂柳 05-136 单个品种面积突破 220 万亩，桂糖 42 号突破 170 万亩，云蔗 05-51 在云南蔗区已大面积应用，新品种应用使我国品种单一的局面逐步改善。

栽培技术。甘蔗栽培和耕作技术水平与甘蔗生产机械化装备水平和普及程度密切相关。世界先进甘蔗生产国澳大利亚、美国等均非常重视机械化条件下的轻简高效栽培技术的应用。围绕甘蔗机械化的发展，甘蔗生产配套的水肥管理，耕作技术，土壤管理等技术在相应发展，如适用机械化的宽行距栽培，机械复合作业的轻简栽培，水肥的精准管理，以及土壤管理技术和绿色栽培技术都在不断进步。美国、巴西等先进国家根据甘蔗不同时期的需肥量、需水量，并通过 GPS、RS 和 GIS 技术相结合，建立起甘蔗生产的全方位物联网系统，更加有利于精准、集约化甘蔗生产方式的发展。同时，各生产国重视延长甘蔗宿根年限，综合利用各种技术如采用健康种苗、培肥地力、简化田间管理和选育宿根性强的品种等，设法延长宿根年限，一般宿根 3 ～ 5 年，比我国宿根年限长 2 ～ 3 年。此外，澳大利亚、南非、巴西等国家对甘蔗的生长模拟技术开展大量研究，可以为未来实现甘蔗生产管理从机械化向自动化过渡提供技术支持。与美国、澳大利亚等甘蔗生产先进国相比，我国在栽培和耕作技术，特别是各环节机械化装备应用方面尚有较大差距，还需不断加大技术研发和推广的力度。近年来，在配合新品种和甘蔗健康种苗应用的基础上实施了机械深耕深松、水肥药一体化、酒精废液还田、全膜覆盖、测土配方施肥、病虫草鼠害综合防治、农机农艺融合等技术，构建了甘蔗高效、低耗、轻减、安全种植模式，降低了用种量、延长了宿根年限、提高了甘蔗的产量、糖分，显著提高了甘蔗种植的效率和效益。

病虫害防控。美国等甘蔗生产先进国，建有功能齐全的作物病虫害数字化监测预警网络体系，其功能涵盖了病虫害发生信息交流、分析处理、监测预警和情报发布等方面，是甘蔗病虫害防控的重要手段。我国甘蔗病虫害监测预警技术还处于初级阶段，利用性诱剂和灯诱测报，建立了桂南、桂中蔗区甘蔗螟虫发生的预警监测网点和预警监测网。

生物防治是甘蔗害虫重要的防控手段，在全世界主要蔗区得到广泛应用。澳大利亚的赤眼蜂生物防治甘蔗螟虫的成功应用，使得甘蔗螟虫为害程度处于较低水平。利用昆虫病原微生物防治甘蔗害虫也有成功经验，如白僵菌、绿僵菌粉防治螟虫、蔗龟等地下害虫在澳大利亚已有应用。我国各蔗区也相继尝试采用赤眼蜂防治甘蔗螟虫，但技术的示范推广缓慢，目前应用面积不足总面积的 10%。

在化学农药使用方面，发展和使用高效低毒农药是甘蔗病虫害防控的必然趋势，美国杜邦和瑞士先正达公司研发的“康宽”和“度锐”等微毒级的杀虫剂已被大规模应用，其具有长效、持效及对环境、人畜安全的特点。我国也十分重视高效低毒农药的研发，在农业企业及科研机构的共同努力下，毒死蜱、毒辛、吡虫啉、杀虫单等一批高效低毒的新型农药在蔗区推广使用，大大减轻害虫的为害，促进了甘蔗产业的健康发展。

此外，甘蔗脱毒种苗技术应用也能有效减轻甘蔗病害发生。巴西是最早大规模应用脱毒种苗技术的国家，1996 年就全面采用脱毒种苗作为生产用种，并制定了一整套相关的规范和标准。澳大利亚甘蔗生产用种，也已经 100% 采用甘蔗脱毒腋芽快繁技术。我国甘蔗脱毒种苗研究起步较晚，始于 20 世纪 80 年代中后期，近几年才开始在甘蔗主产区大面积示范、推广和种植。

机械化。世界发达产糖国家和地区，各国均实现了生产全程机械化。澳大利亚最为彻底，在收获方式上全采用切段式收获。美国在 1996 年后也全部采用切段式甘蔗收割机。巴西甘蔗收割机的主流是大型切段式收割机，还存在少量整秆式收割和人工砍蔗，目前全程机械化综合水平在 70% 以上，在种植环节上正在以联合机播替代部分环节的人工作业。我国在甘蔗耕整地及田间管理初步实现了机械化，而种植及收获机械化还处于起步阶段。甘蔗种植仍是以切种式甘蔗种植机为主，蔗段种植技术处于研发阶段。甘蔗收获技术仍以进口机型为主，凯斯和迪尔是主打机型，以洛阳辰汉为代表的小型切段式甘蔗收获技术正逐步得到市场认可。目前我国糖料基地基础设施和技术服务体系建设得到有效完善，甘蔗生产机械化、经营规模化、社会服务化初步形成，带动我国现代甘蔗生产体系得到初步构建。通过农机农艺配合、机收品种的选育、机收专业服务组织的培育等措施促使中大型机械在广西（广西壮族自治区，全书简称广西）、广东应用中小型在云南、海南得到逐步应用，其中 2017/2018 年榨季，广西机收率为 4% 左右，而“双高”基地的耕、种环节基本实现了机械化，机收率达到 15%；在云南丘陵山地甘蔗全程机械化关键技术及装备的研发应用，提高了丘陵山地甘蔗生产机械化水平。

设施和装备。以澳大利亚和美国为代表的大规模甘蔗生产机械化模式下的甘蔗耕、种、管、收作业技术与机具已成熟，其特点是大功率和高效率。技术发展的方向和热点是采用 GPS 导航技术的田间规划、作业规划和自动导航以实现固定轨迹和高效作业。以日本为代表的小规模甘蔗生产机械化模式下的甘蔗耕、种、管、收作业技术具有差异化的特点，需要根据不同立地条件和工艺要求进行差异化设计，目前仍处于熟化和推广阶段。我国根据国内小规模地块和丘陵山地蔗区的实际需要，中小型收获机械洛阳辰汉 4GQ-130 型切段式甘蔗联合收割机日益成熟，在甘蔗收获上显示出良好的应用前景。南方蔗区农机农艺日益融合，形成了桂中南平缓蔗区中大型机械化应用模式、滇西南丘陵蔗区中小型机械化应用模式，广西“双高”糖料蔗基地 2017/2018 年机耕率 99.62%、机种率 75.66%、机收率 15.11%，生产成本降低 20%，甘蔗产业从传统产业逐渐向现代产业转型升级。

食糖加工。世界绝大部分甘蔗产糖国采用两步法进行生产，即先采用石灰法将甘蔗加工生产原糖，然后原糖回溶后采用二氧化碳饱充结合树脂（或活性炭）脱盐脱色生产精制糖，精制糖与少量食用原糖为市场终端产品。发展中国家大部分企业采用一步法（亚硫酸法或碳酸法），生产耕地白砂糖直接进入消费市场。我国甘蔗食糖加工规模只有发达国家的 1/10 ～ 1/5、加工工艺落后（95% 采用亚硫酸法加工）、产品质量不高（产品二氧化硫超标，容易吸水回潮），每吨白糖卖价少于碳酸法所制糖 200 元以上。

副产品和废弃物综合利用。巴西、美国、南非等多个甘蔗生产国围绕甘蔗制糖后其副产品进行多层次和高附加值开发利用，兴建大型的综合利用工厂、开辟生物能源与纤维工业资源，广泛利用甘蔗副产品蔗渣、糖蜜等，供热发电、造纸和发展糖基化工业、开发抗氧化剂等高端产品等，以蔗渣和糖蜜为主生产出上百种的产品。我国制糖企业对制糖生产过程中产生的甘蔗渣、废糖蜜、滤泥等甘蔗副产品的综合利用率仍然较低，副产品只有乙醇、纸、酵母、味精等，其他的药用酵母、麦角固醇、光合菌肥、高级饮料糖等处于起步阶段，尚未形成规模生产，副产品创造的收入只占总收入的 10% 左右，对于甘蔗副产品和废弃物的综合利用与国外先进制糖企业仍有较大的差距。

三、主要问题

世界甘蔗产业发展面临着资源的优化配置与环境保护的双重制约、产业技术需求和自主创新能力的双重挑战、产业升级和世界经济一体化的双重压力，主要存在以下问题。

基础设施不完善、集约化水平低。除少数发达国家以外，蔗区基础设施建设滞后，平均有效灌溉率较低，降水量分布不均，春旱、秋旱现象普遍。另外，多数国家甘蔗生产规模小，组织化程度低，土地租金、人工成本、投入品和机械作业等机会成本大幅度提高。

创新要素不足。相对其他大宗作物来说，甘蔗研究机构不多，而且较分散；研发人员及研发经费不足，使得全球甘蔗产业技术的研发水平相对滞后。

技术研发滞后。高产高糖抗逆品种研发滞后，品种更新换代周期长，病虫为害严重。水肥管理不合理，蔗田普遍存在超量施肥、偏施氮肥的问题，直接造成肥料利用率低、生产成本居高不下；由于过多施用氮肥引起土壤酸化、地力退化和环境污染。蔗田灌溉方式落后，水资源利用率低，既造成浪费又增加了生产成本。

机械化水平低。机械化发展滞后，多数国家仍然处于机械化发展的初级阶段，机械化应用程度较低，生产成本居高不下。加工设备陈旧，工艺落后，产品单一，副产物附加值不高。

政策支撑不完善。甘蔗产业的关税保护、配额生产、税收和金融支持、存储机制等不完善，使得糖市大起大落，阻碍甘蔗产业稳定发展。

四、技术需求

针对甘蔗产业存在高产高糖抗逆品种研发滞后、病虫为害严重、水肥管理不科学、机械化发展滞后、产品结构不合理、产业效益低等问题。今后需要通过相关基础和应用技术的研发以取得突破。

在基础研究领域，甘蔗产量、抗性及糖分形成机制的研究可为高产高糖抗逆品种的研发提供理论依据和重要的基因资源。甘蔗水分、养分高效利用机制的研究可为甘蔗精准供给体系的研发提供科学依据。

在关键技术和产品研发方面，研发甘蔗分子标记、基因编辑、转基因等技术，完善甘蔗常规育种技术体系，通过分子设计育种与常规育种技术组装集成，构建高效精准的分子育种技术体系，聚合优异基因，创制高产、高糖、抗病虫、抗逆、养分和水分高效利用、适合机械化作业等突破性育种材料和品种。研发甘蔗重要有害生物快速检测、监测和预警技术，构建环境友好型综合防控技术体系，提高病虫害防控水平，促进甘蔗高效生产并保障其生态安全。研发甘蔗专用肥、控效肥和药肥，建立甘蔗“水、肥、药”精准供给技术体系；研发甘蔗农艺、农机和品种三结合的甘蔗全程机械化关键技术，建立与之适应的甘蔗耕作和种植制度，实现甘蔗“高产、高糖、高效、集约、生态、安全”的生产。研发甘蔗糖及副产物加工技术，提高糖和相关副产品的质量，延长产业链，为提升蔗糖产品质量、提高产品附加值和产业整体效益提供技术支撑。

第四章

天然橡胶

一、产业发展状况

天然橡胶资源主要分布在亚洲。天然橡胶是从含胶植物中采收、加工得到的一种高分子有机化合物。世界上有含胶植物 2 000 余种，其中巴西橡胶树目前仍然是最主要的生产天然橡胶的作物。受温度、降水量等条件限制，天然橡胶生产国主要分布在地球南纬 10°到北纬 15°之间的热带地区。但中国、印度、孟加拉国、缅甸、老挝和越南等国家由于北部有喜马拉雅山山脉或其他大山山脉阻挡来自北方的冷空气，南部有海洋暖湿气流的影响，形成了独特的高纬度热带、亚热带气候，因而橡胶树种植到北纬 24°左右的高纬度区域。目前，全球有 60 多个国家种植橡胶树，其中，亚洲 16 个，非洲 26 个，中美洲 11 个，南美洲 10 个。2018 年，全球橡胶树种植面积 1 520 万公顷，产量 1 380 万吨。其中，亚洲的植胶面积和产量分别占全球的 87% 和 91%，非洲占 10% 和 7%，中美洲和南美洲占 3% 和 2%。

泰国、印度尼西亚和越南是天然橡胶主产国和出口国。2018 年，泰国、印度尼西亚、越南、中国、印度、马来西亚、科特迪瓦、缅甸、柬埔寨和巴西 10 个国家的天然橡胶产量共占全球的 94%。其中排名前三的泰国、印度尼西亚和越南的天然橡胶产量分别为 485 万吨、364 万吨和 114 万吨，出口量分别为 411 万吨、295 万吨和 150 万吨，3 国的产量和出口量之和均占 2018 年全球的 70%。

技术分级橡胶贸易成为主导。2000—2018 年，天然橡胶进出口量从 500 多万吨增加到 1 220 万吨，占产量的比例从 77% 增加到 89%。亚洲是全球天然橡胶主要出口地，出口量一直占全球总出口量的 85% 以上。随着标准化生产技术的推广、国际贸易检验的便利性和保护森林环境的要求，烟片胶的生产比例逐渐减少，技术分级橡胶的比重不断增加；在 2000—2016 年的国际贸易中，烟片胶出口比重从 23% 下降到 11%，技术分级橡胶出口比重从 50% 上升到 74%。

2014—2018 年世界天然橡胶生产情况

年度	收获面积（公顷）	产量（吨）	产值（万美元）	制品进口（吨）	制品出口（吨）
2014	11 102 440	13 248 016	1 855 396.186	9 059 636	9 084 190
2015	11 343 107	13 206 309	1 539 239.001	9 263 427	9 034 543
2016	11 593 390	13 449 190	1 532 500.044	8 980 177	9 210 163
2017	11 627 369	14 132 937	—	9 396 483	10 106 285
2018	11 800 491	14 334 823	—	—	—

斯里兰卡的橡胶

（中国热带农业科学院橡胶研究所　供图）

二、生产技术现状

品种选育。各国从橡胶树野生种质中鉴定筛选出部分特异种质，找到抗病相关重要分子标记，挖掘优异功能基因。马来西亚对1981'RRDB种质材料鉴定后选出了20份速生种质，并于1991年建立了橡胶树cDNA文库和基因组文库。印度尼西亚筛选出数十份速生种质。我国也鉴定筛选出一批抗寒、抗白粉病种质，找到了一个与抗白粉病连锁的RAPD标记；构建了高密度遗传图谱，开展了核心种质分析；通过基因组重测序技术，绘制了橡胶进化树；克隆和鉴定了橡胶树HbCBF1等抗逆相关转录因子和功能基因。

马来西亚、印度尼西亚、泰国等橡胶主产国，由于植胶环境优越，其橡胶木加工利用产值较高，因此以选育高产速生（胶木兼优）品种为主。斯里兰卡、巴西等地受季风性落叶病、南美叶疫病等影响很大，抗病高产是其主要育种目标之一。我国植胶区位于北纬18°～24°热带北缘的非传统植胶区，因风寒灾害频发，以选育高产抗风抗寒品种等为主。随着橡胶树种植向非传统植胶区扩展，抗寒高产、抗旱高产品种选育也越发受到相关国家重视。

栽培技术。目前，芽接苗是世界各植胶国生产上选用的主要种植材料。天然橡胶种苗技术的研究主要分为两个方面：一是胚苗获取技术的研究。利用芽接技术扩繁无性系培育容器苗是主要的橡胶树种苗生产技术。橡胶树芽接主要采用籽苗芽接、绿色芽接和褐色芽接等技术。中国主要以褐色芽接和籽苗芽接为主，东南亚等国家主要采用绿色芽接技术。近10年来，中国建立了高效的橡胶树组织培养技术体系，实现了多个橡胶树品种自根幼态无性系的规模化种苗繁殖。菲律宾、越南等国家正在研究插接育苗技术，并培育出一定数量的苗木。中国也正在研发上胚轴插接技术，将约半月龄的籽苗插接上1月龄的幼芽，并成功培育出少量种苗进行大田试种。二是胚苗的圃内抚管技术。世界各植胶国对苗圃内芽接后的苗木培育抚管方式进行了相应的研究。目前所有植胶国均主要采用袋装苗、袋育苗等容器苗，并结合自身植胶环境的特点研发出不同类型和大小的控根容器苗，如中国的小筒苗、印度与菲律宾的控根容器苗。为了缩短苗木定植后大田非生产期，中国研发培育出大型全苗、印度尼西亚采用育苗袋培育大型苗。

在我国和东南亚的部分次适宜区，为减轻旱害、寒害和风害等自然灾害的影响，在苗木定植时，一般采用淋水、盖草、施用保水剂、袋苗定植等措施进行抗旱保苗；采用早春定植、合理施肥、割面涂封等抗寒栽培技术措施；采用因地制宜营造防护林、对口配置抗风品种、适宜的种植形式和密度等抗风栽培技术措施。目前橡胶树风害机理的研究主要集中在树木林学参数的反演和风害评估技术方面。为了提高土地利用率，增加单位面积产出，各地都在发展胶园间作，幼龄胶园、成龄胶园均研究出多种不同间作模式。

我国在土壤肥料领域研究最活跃、最集中。开展了结合GIS系统的橡胶园土壤理、化、生性状及时空变异，橡胶园土壤微生物，橡胶园碳素释放与固定，橡胶园土壤改良，环境友好型橡胶园土壤管理模式与施肥，橡胶林与其他植物或作物复合系统土壤养分循环和利用，橡胶树养分吸收、分配和利用，橡胶树新型专用肥料及施用技术，橡胶树及橡胶园土壤养分快速诊断技术，橡胶园测土配方施肥技术，橡胶轻简化施肥技术，橡胶新品系或新型种植材料施肥效应及技术等研究。

目前世界天然橡胶病害防治主要围绕橡胶树白粉病、炭疽病、根病和南美叶疫病的发病机理与监测防控。国外已经从抗南美叶疫病的橡胶品系 Fx2784 鉴定出对南美叶疫病免疫的 M2fx 基因，并通过微卫星连锁分析确定了该基因的精准位置。斯里兰卡科学家采用嫁接换冠技术，成功获得抗棒孢霉落叶病的橡胶树品系。虫害防控主要包括重要害虫的监测、化学防治、诱控防治及生物防治等关键技术。巴西和中国等国家研发了六点始叶螨、介壳虫和小蠹虫等防治药剂筛选及施药技术，扩繁出天敌产品及技术。我国通过预测、预报科学指导橡胶树病虫害防治收到良好的效果。

采收技术。高效割胶技术及自动化、机械化的割胶工具研究是当前采胶领域研究热点。印度、科特迪瓦、越南、中国开展了低频割胶制度研究，中国、马来西亚等国开展了气刺短线割胶技术研究。马来西亚、印度、中国对机械化、自动化割胶工具进行了研究，但目前均处于研发改进或试验阶段。

加工利用。泰国、马来西亚和印度尼西亚等国采用胶园凝胶，主要产品为技术分级橡胶。我国主要采取胶园加氨保存胶乳，集中到加工厂加酸凝固，制成干胶或离心浓缩胶乳。在生胶加工技术上，目前实现了生产线的连续化、自动化操作，降低工人劳动强度，缩短加工过程。门尼黏度控制依然采用盐酸羟氨抑制贮存硬化的方法制备恒黏天然橡胶。此外，还开展了部分解聚技术控制天然橡胶的门尼黏度的研究。马来西亚等国提出了预测天然橡胶门尼黏度变化趋势的方法，即给出每一批天然生胶贮存过程门尼黏度变化趋势，供下游企业参考。为解决小胶园种植实生树所产天然橡胶塑性初值往往低于 30 的问题，印度尼西亚主要通过吊挂湿凝胶片的方式，促进天然橡胶分子链交联，提高塑性初值。在浓缩胶乳加工技术上，通过严格控制乙烯利用量和次数等措施控制新鲜胶乳的质量；为了降低浓缩天然胶乳的挥发性脂肪酸值和蛋白质的致敏作用，国外除采用二次离心技术外，还进一步研发了吸附的方式，以降低胶乳中蛋白质、黄色体等非橡胶物质含量，使硫化胶膜的颜色和透明程度得到改善。此外，各主要产胶国都在开展浓缩天然胶乳无氨保存体系的研究，以降低废水处理成本，克服 TT/ZnO 保存体系导致胶乳增稠的问题。

马来西亚开发了 9 种环境友好的表面活性剂生产脱蛋白天然橡胶，并对环氧化天然橡胶开展了系统研究。日本、德国、泰国等学者纷纷展开非胶组分、结构、处理工艺对质量影响的研究，为性能优化提供突破口。在废旧橡胶循环利用方面，日本、美国、欧洲作为替代燃料或用于建筑，奥地利和巴基斯坦的科研人员提出了一种化学回收新方法。在天然橡胶原料拓展方面，普利司通与多家大学机构合作致力于改进银胶菊；大陆集团致力于俄罗斯蒲公英，期望10年内实现工业化应用；阿波罗轮胎公司与印度橡胶所合作开发了一种特殊品级的环氧化天然橡胶，可替代价格较高的溶聚丁苯橡胶，应用于包括冬季轮胎在内的高性能轮胎。邓禄普开发出适用于客运公交的新产品SP122和SP188，操控稳定、安全耐久。

可持续胶园发展。世界天然橡胶可持续胶园发展研究主要集中在橡胶林生态效益研究、橡胶农林复合生态系统研究和环境友好型生态胶园建设3个方面。橡胶林生态效益研究主要包括大面积植胶后的负面效益评价研究和对植胶环境生态效益的正面评估。橡胶农林复合生态系统研究主要是橡胶农林复合模式研究、复合系统内各组分间关系研究。环境友好型生态胶园建设，主要包括概念的提出、理论基础研究、建设标准制定及相关研究，研究主要是在中国进行。

机械化。马来西亚研制出往复式电动胶刀和固定式全自动智能割胶机，但尚未在生产上大规模推广应用。中国、印度等产胶国也在采胶机械方面开展了研究，分别推出了往复式电动割胶刀、立铣旋切式电动胶刀和捆绑式全自动智能化割胶系统。中国热带农业科学院与中国农业大学、中国农业机械化研究院等合作，已研制出移动式全自动割胶机样机。在田间管理机械化方面，中国热带农业科学院等相关单位研制了适合平缓胶园使用的大型悬挂式胶园开沟施肥机械、胶园除草机械和喷药机械，适合山地丘陵胶园使用的小型履带式胶园开沟施肥机械、胶园除草机械和喷药机械及背负式电动胶园除草机等，但尚处于小规模试验阶段。

三、主要问题

各植胶国产业发展差异大、技术发展不平衡。东南亚国家重视天然橡胶产业发展，产业发展水平快速增加，产业化程度相对较高；而缅甸、柬埔寨、非洲的植胶国等受战乱或其他因素影响，天然橡胶产业发展缓慢，产业化程度低。同时，全球各植胶国的技术发展不平衡，也影响整个产业的发展。

科技发展水平与产业发展不相适应。一是受种植材料更新慢、资源挖掘不够的影响，全球天然橡胶产业发展高度受到制约。目前世界商业栽培的橡胶树遗传基础十分贫乏，品种产量增益呈逐步下降趋势。同时，产量早期预测方法的缺乏和精度不高导致育种周期非常长。成熟的橡胶树转基因技术仍局限于少数国家，且均局限在技术研究阶段。二是随着经济的发展，劳动力资源相对短缺，而目前产业轻简化技术、智能化机械化技术发展缓慢，高产稳产技术措施缺乏，影响产业的发展。种苗培育、采收胶环节人工依赖程度高，机械化、标准化程度低。三是天然橡胶初产品开发应用范围窄，缺乏一套国际通行的技术标准来规范天然橡胶初加工产品质量。目前天然橡胶材料的多层次应用、开发仍处于初级阶段，高性能产品的开发亟待加强，初加工产品缺乏国际标准。缺乏创新平台与共享合作机制。目前世界天然橡胶科技研究分散于各生产国，缺乏世界级的技术创新平台和共享合作机制。

四、技术需求

在基础研究领域，橡胶产量构成性状研究、功能基因的筛选。橡胶树对低温、干旱等逆境抗性的生理与分子调控机制。天然胶乳物理网络结构和非橡胶组分与天然橡胶制造工艺间的关系，以及对加工性能、应变诱导结晶性能和物理机械性能等的影响。橡胶树重要病原菌的致病机理、抗病基因的鉴定与筛选；橡胶害螨、介壳虫及小蠹虫等的发生规律及成灾机制。

在关键技术和产品研发方面，高效的橡胶树遗传转化体系，橡胶树产量早期预测技术、接穗/砧木互作技术，优良基因型体胚工厂化繁育技术。标准化、工厂化、机械化育苗新技术。涵盖橡胶园信息化和机械化开垦、定植、抚管技术，水肥一体化栽培系统和林农畜有机循环等技术的集约化分类经营技术集成应用。天然橡胶理化改性技术，包括环氧化、卤化、氢化等及其工程化；新型天然橡胶微纳结构复合材料的制备技术。胶园土壤地力修复、橡胶树新型专用肥及轻简化施肥技术。省工高效采胶技术与装备，山地胶园轻简管理机械装备工。橡胶树重要病虫害的监测预警和综合防控技术。

第五章

热带果树

热带水果是指生长在热带亚热带区域的水果，主要包括香蕉、芒果、腰果、菠萝、荔枝、龙眼、番木瓜、澳洲坚果、火龙果、百香果、油梨等。其中香蕉、芒果、腰果、菠萝、荔枝、龙眼、番木瓜种植面积较大，且在几乎所有的热区国家都有商业化种植。热带水果营养丰富，经济价值高，深受全世界人们喜爱。澳洲坚果、火龙果、百香果、油梨是我国近年来发展迅速的热带水果产业。

从区域特点来看，世界热区各国的热带果树产业基础设施发展和生产技术水平良莠不齐。非洲、南亚和东南亚部分国家、南太平洋岛国等区域的热带果树生产处于相对比较粗放的状态，重种轻管，缺乏投入是这些国家发展的主要问题。从产业发展问题来看，热带水果种类繁多，但整体上产业化生产的品种较为单一，传统品种退化严重；热区高温高湿的气候环境易导致病虫害为害严重；热带水果中许多种类都不耐贮存限制了其销售时间与区域；此外，针对热带果树产业发展的配套金融服务明显滞后。

针对热带水果品种杂乱、优良品种的缺乏、果病虫害为害严重、采后易腐烂、生产成本高、果品品质参差不齐等问题，急需从基础研究和应用技术的研发两个方面解决相关问题。一是需通过基础研究解决的科学问题。针对热带水果品种杂乱、重要农艺性状的遗传规律不明、品质形成机理及其调控的机制不清等问题，开展热带水果基因组、蛋白组等组学研究，开展热带水果种质资源精准鉴定评价、功能基因挖掘与重要性状的分子解析、分子设计育种等方面研究。二是需通过技术研发解决的关键技术和产品。开展细胞工程与染色体工程、诱变育种等育种技术研究，建立热带作物高效育种技术体系，培育高产优质抗逆新品种；根据高温多湿带来的病虫害严重问题，针对不同果树重大病虫害发生危害的特点，研发配套的绿色防控技术；针对化肥和农药使用过多，造成地力下降，树体衰退，品质下降等问题，研发化肥和农药减施技术和水肥一体化技术；针对过多施用除草剂造成田间生态破坏严重等问题，开展田间生草技术研究；针对劳动力成本攀升问题，研发果园不同特色的适用简易机械；针对热带果树副产物利用水平相对较低，商品化产品较少等问题，研发相关的加工技术，开发相关产品。

香 蕉

一、产业发展状况

香蕉是重要的经济作物和粮食作物，2017 年位居世界水果产量第二，是世界鲜果贸易量最大的水果，同时被 FAO 定位为仅次于水稻、小麦、玉米的世界第四大粮食作物。世界有约 130 个国家种植香蕉，主要分布在亚洲、拉丁美洲和非洲的发展中国家，主产国为印度、坦桑尼亚、巴西、卢旺达、菲律宾、中国、布隆迪、厄瓜多尔等国，其中印度收获面积最大，达 86.00 万公顷。据 FAO 统计，2017 年世界香蕉收获面积 563.75 万公顷，产量 1.14 亿吨，出口量 1 856.06 万吨，进口量 1 965.31 万吨，进出口贸易额达 241.11 亿美元。我国香蕉主产区为海南、广东、广西、云南和福建，种植面积 38.24 万公顷，产量 1 289.19 万吨，总产值 257.91 亿元。

2014—2018 年世界香蕉生产情况

年度	收获面积（公顷）	产量（吨）	产值（万美元）	制品进口（吨）	制品出口（吨）
2014	5 322 915	112 809 324	4 180 383.792	20 067 268	21 646 987
2015	5 435 446	115 209 380	3 861 768.582	20 379 221	19 659 087
2016	5 323 982	112 627 980	3 854 374.132	20 306 427	20 826 132
2017	5 576 915	114 359 133	—	22 163 735	23 181 403
2018	5 728 680	115 737 861	—	—	—

二、生产技术现状

品种繁育。全世界香蕉栽培类型众多，至少有 20 多个类型，300 多个品种，但在生产中栽培较多的有 Cavendish、EAHB、Plantain、Mysore、Pome、Silk、Prata、Pisang Mas、Bluggoe、Saba、Pisang Awak 等。香蕉品种选育主要采用选择育种和诱变育种。洪都拉斯的 FHIA、巴西的 EMBRAPA-CNPMF、印度的 CIRAD-FLHOR，以及国际香大蕉网络、国际热带农业研究所在香蕉种质资源收集及选育种研究较为深入，国际主栽培品种也大多由上述机构通过选育。我国科学家在引进资源的同时，大力开展品种选育，已育成

中国的香蕉

（中国热带农业科学院海口实验站　供图）

的巴西蕉、桂蕉 6 号、金粉 1 号、广粉 1 号成为国内主栽品种，南天黄、宝岛蕉等一批抗（耐）枯萎病新品种正在推广种植，逐步成为枯萎病重病区的替代品种。此外，在种苗快繁方面，我国香蕉种苗繁育与组培苗产业技术一直处于国际领先水平，组培苗几乎占据了国内的全部市场。国际上澳大利亚、菲律宾等国规模化生产的蕉园，组培苗已经基本替代吸芽苗，但在非洲一些国家，如卢旺达、肯尼亚、坦桑尼亚等，多年留吸芽不换种及进行吸芽转移繁殖的方式仍然处于主导地位。近年来，随着“一带一路”倡议的推广，我国组培苗技术已出口非洲、东南亚等区域的香蕉主产国。

栽培技术。世界香蕉生产整体上表现为集约化生产，肥料高投入、高产出。各国在香蕉栽培技术上差别较大，养分投入不足或养分不平衡的现象普遍存在。澳大利亚、以色列、巴西等国家的栽培综合管理技术较为系统，肥料投入相对合理。在一些发达国家，香蕉生产从建园、栽培等各个环节已全部实现了机械化操作，我国虽然在香蕉种植业中已实现了一定程度的机械化配套生产，但在某些便于实现机械化的生产管理环节上仍处于较落后阶段，导致了劳动生产率低下以及生产成本过高。

病虫害防控。世界香蕉的病虫害有 200 余种，其中病害 20 种；虫害高达 180 余种。香蕉病害主要分为真菌性病害、细菌性病害和病毒性病害 3 类。真菌性病害以枯萎病和叶斑病危害最为严重，其中香蕉枯萎病是一种毁灭性病害，一直是制约世界香蕉产业发展的瓶颈问题。目前我国已经形成了较好的香蕉枯萎病综合防控技术，但在技术推广和防控机理的深入研究等方面还有待提升。细菌性病害在亚洲、非洲、拉丁美洲、大洋洲及加勒比海地区等的一些国家和地区发病较为严重，我国大陆地区近年来才陆续发现香蕉细菌性软腐病和香蕉叶鞘腐烂病病害，在局部地区少数蕉园造成严重为害，该病可以通过化学药剂得到有效防控。病毒性病害有 20 多种，为害严重主要包括束顶病毒病、黄瓜花叶病毒病、条斑病毒病、苞叶花叶病毒病。病毒病在印度、古巴、菲律宾等国发生较为普遍。随着种苗病毒检测技术的推广，病毒病对我国香蕉产业并未造成严重影响。世界范围内，香蕉虫害以象甲和蓟马为害最为严重，20 世纪 80 年代，根茎象甲虫曾在坦桑尼亚严重暴发成灾。我国香蕉最重要害虫为黄胸蓟马，其次是香蕉象甲、斜纹夜蛾、红蜘蛛、交脉蚜等。国内外对香蕉病虫害的防治均以化学防治和农业防治为主，生物防治的方法尚未在国内外普及和推广。

采后保鲜。香蕉属于典型的呼吸跃变型果实，在常温下一周左右即出现呼吸高峰，导致果实迅速成熟，货架期短。世界香蕉采后的平均损耗率达 25%，先进的采后保鲜技术集中在澳大利亚、菲律宾、厄瓜多尔等国的国际大型蕉园，以及都乐、金吉达和帝盟公司等跨国香蕉贸易公司，平均损耗率可控制在 5% 以下。我国香蕉采后损失严重，损失率高达近 50%，远远高于世界平均损耗率。近 10 年来，我国围绕香蕉果实成熟和冷胁迫响应的机制和调控技术措施等，开展了较多研究，取得了一些研究成果，大大推动了香蕉果实采后保鲜与物流技术的研发与改进。

加工技术。香蕉收获后产生大量的茎、叶、皮、花、果轴、非商品蕉等副产物，能为食品、饲料、肥料、制药、轻纺化工等产业提供丰富原料，对其进行加工利用既能保护生态又可提高香蕉产业经济效益，蕴含巨大的市场潜力。世界上对其副产物应用主要集中在功能化、饲料化、材料化、肥料化 4 个方面。日本、菲律宾、印度、澳大利亚等国在香蕉纤维的研究领域中成绩较为突出，其中澳大利亚拥有世界上首家使用香蕉树纸浆为原料生产碳中和纸张的厂商。虽然目前商品化的产品不多，但是各国在副产物利用方面的研发力度，逐年增加。

三、主要问题

香蕉是高风险、高投入、高产出的高效农业产业，风险主要来自自然风险，如台风、霜冻、病虫害，尤其是枯萎病，市场风险主要是价格风险。科技在世界香蕉产业规避风险中，起着重要作用。世界香蕉产业实现转型升级，适应消费需求升级，需要在新品种选育、提升产品质量、降低生产成本、延伸产业链和培育新型经营主体等方面探索出路。因此，各国政府在金融贷款、保险及科技研发等方面加强政策倾向及资金支持，对世界香蕉产业可持续发展尤为重要。

四、技术需求

开展育种技术攻关培育优良品种。香蕉选育品种的手段比较单一。香蕉栽培品种基本上是三倍体，染色体组不配对，不易通过杂交育种获得优良新品种。急需开辟香蕉选育种新途径，如杂交育种、分子育种和细胞工程育种等，培育更多优良品种，满足市场需求。香蕉枯萎病频发仍是制约产业可持续发展的主要问题。

加大病虫害防控研究。世界针对香蕉枯萎病的研究主要集中在我国，并初步形成一套枯萎病综合防控技术体系，但是该技术体系在不同生态条件下和不同发病情况的枯萎病防控技术模式有待探索和集成推广，防控技术的机理还未阐明。开展香蕉枯萎病菌的致病机理和防控机理研究，集成和简化适合不同生态条件和不同发病情况的枯萎病防控技术模式，仍是今后香蕉枯萎病研究的重点。

各国香蕉种植管理技术差异较大，标准化的栽培技术措施亟须推广和应用；缺乏特色香蕉及轻简化的贮运保鲜技术；香蕉生产的机械化水平有待提高；在香蕉产业链延伸方面，副产物利用水平相对较低，商品化产品较少等，均是制约世界香蕉产业的普遍问题。

芒　果

一、产业发展状况

芒果素有“热带水果之王”美誉，起源于亚洲南部和东南部。世界有 100 多个国家栽培芒果。据 FAO 统计，2017 年世界芒果种植面积 568.07 万公顷、产量 5 065 万吨，是世界第二大热带水果。印度、泰国、中国、印度尼西亚、墨西哥、巴基斯坦、巴西、孟加拉国、埃及、马拉维为世界十大芒果生产国。我国芒果主要分布于广西、云南、海南、四川、台湾、广东、福建、贵州等热区，据农业农村部南亚办统计，我国 2017 年全国种植面积 25.79 万公顷、产量 205.30 万吨。芒果在全世界贸易主要有美洲市场、亚洲市场和欧洲三大市场。

2014—2018 年世界芒果生产情况

年度	收获面积（公顷）	产量（吨）	产值（万美元）	制品进口（吨）	制品出口（吨）
2014	5 826 328	47 617 735	2 973 744.987	1 461 657	1 636 467
2015	5 470 384	48 067 447	2 794 507.666	1 437 054	1 578 702
2016	5 596 122	49 523 191	2 996 577.54	1 586 139	1 683 446
2017	5 699 519	51 997 633	—	1 733 239	1 985 082
2018	5 748 786	55 383 785	—	—	—

中国的芒果

（中国热带农业科学院热带作物品种资源研究所　供图）

二、生产技术现状

品种培育。芒果品种资源十分丰富，全世界有 2 000 份以上，但商业栽培品种仅 100

多个。芒果品种选育以实生选种为主，杂交育种为辅。印度是世界上品种资源最多的国家，主要有 Alphonso、Kesar、Dashehari、Rajapuri、Vanraj、Bombai、Langra、Fazri、Himsagar、Sukul、Bathua、Bombay Green、Chausa 等。除亚洲及一些非洲国家外，许多国家的芒果生产品种都是以来自美国佛罗里达州的品种 Haden、Tommy Atkins、Kent、Keitt 等为基础而发展起来的。近年各国新品种培育进度加快，中国选育出桂热 82 号、热品 4 号芒；泰国选育出 SK007；墨西哥选育出 Gouveia、Osteen；澳大利亚选育出 Calypso；以色列选育的 Maya、Nimrod、Naomi 等品种，但是传统品种仍然占据主产国主导地位。我国目前栽培品种主要以台农 1 号、金煌、贵妃、凯特、圣心、桂热 82 号、白象牙等品种为主。芒果果苗繁育一般采用无性繁殖，主要为嫁接繁殖（包括枝接和芽接），个别地区有圈枝繁殖。

栽培技术。芒果栽培技术管理差异明显，亚洲国家多采用矮化密植，密度为 4 米 ×5 米或 5 米 ×5 米的行间距为主，在其他区域则以 6 米 ×6 米或 6 米 ×8 米为主。在中国、印度、巴基斯坦等国家产期调节技术应用广泛，果实收获期由原来的半年可以延长到周年供应。印度、中国、美国、南非、澳大利亚等国家通过对树体叶片、果实不同发育阶段营养变化规律分析，提出了针对树体不同发育阶段施肥的标准。在南美洲和美国、澳大利亚、南非等国家和地区芒果的种植密度大，普遍采用机械化整形修剪，而亚洲绝大部分国家则普遍为人工修剪。采后处理是南美洲和澳大利亚等国家和地区的重要一环，而亚洲和非洲大部分芒果生产国则没有或缺乏采后处理。整体来看，澳大利亚、泰国、南非、美国、巴西等国家栽培管理水平较为先进，水肥一体化技术，生草技术，机械化使用、采后保鲜处理等多方面均处于世界领先水平。我国栽培管理技术处于世界中上水平，部分技术如产期调节技术、采后物流配送等技术已经处于世界领先水平。

病虫害防控。世界芒果病害有 200 多种，虫害有 1 800 多种，分布在我国的病虫害超过 400 多种。芒果主要病害包括芒果畸形病、猝死病、炭疽病、细菌性角斑病、白粉病、流胶枝枯病等，其中芒果畸形病、猝死病是当前严重威胁芒果产业发展的危险性病害。芒果主要害虫包括芒果果实象甲、蓟马、横纹尾夜蛾、扁喙叶蝉、小实蝇和吸果夜蛾等，其中芒果果实象甲和蓟马为害最为严重。近年来，病虫害综合防控和绿色防控的深入研究，使其逐渐成为芒果产业提高果实品质的有效防控手段，但当前，化学防控仍然是大多数国家病虫害防控的主要方式。

加工技术。芒果果实可以加工为芒果汁、芒果酱、芒果醋、芒果干、芒果酒、糖水片、蜜饯、脱水芒果片、话芒以及盐渍或酸辣芒果等产品。芒果叶和树皮可做黄色染料。芒果木材坚硬，耐海水，宜做舟车或家具等。芒果种子可提取蛋白质、淀粉、脂肪，可做饲料和肥皂。美国科学家发现芒果提取物对肺癌、血癌和前列腺癌的癌细胞有一定抗癌能力，在乳癌和结肠癌的测试上，芒果的化合物有更强的抗癌能力，为未来芒果利用提供了新方向。

三、主要问题

一是技术研发不足。芒果大部分优良品种资源集中在少数国家保存，不少国家优良品种少，老品种多，推广不力；在南亚、东南亚部分国家、南太平洋岛国和非洲等区域，许多果园长期管理粗放，病虫害严重，低产低效；在非洲，植株普遍较为高大，因为缺乏配套技术和可持续投入，难以进行精细化管理；亚洲、非洲果园机械化管理水平较差。二是缺乏完整的产业链。多数芒果生产国对采后保鲜处理和加工以及物流配送重视程度不够，产业链条不够完善；除少数国家和地区外，芒果专业化合作组织总体运行效果差。此外，大部分生产国缺乏稳定的支持产业发展的金融和保险政策。

四、技术需求

需要在解析芒果基因组信息的基础上，筛选、分离控制与成熟期、果实着色、果香和抗性等优良性状的相关基因，加强定向育种，围绕热区高温高湿的生产条件以及外销要求，重点加强耐贮运高产抗逆以及早熟或晚熟优质新品种选育；芒果水肥一体化技术还不完善，如何做到成本低，使用方便将是重点；重大病虫害的预测预警技术和绿色防控技术将是提高芒果品质和效益的重大课题；芒果生产中小型机械的研制将是未来提高生产效率的重要一环；芒果缺乏轻简化保鲜技术；芒果副产物利用水平相对较低，果实的精深加工产品开发及其加工技术需要进一步研发；每年修剪产生的大量枝条和叶片以及残次果、种子、果皮等未加以充分利用，如何充分利用废弃物，延长产业链是产业发展的需求。

菠　萝

一、产业发展状况

菠萝是世界第三大热带水果，主要分布于南北纬 30° 以内的非洲、亚洲和南美洲等 80 多个国家与地区，亚洲和非洲是世界菠萝主产区，主产国为尼日利亚、印度、泰国、中国、菲律宾、巴西等国。据 FAO 统计，2017 年世界菠萝收获面积达到 109.87 万公顷，总产量达到 2 740.30 万吨，出口量 377.49 万吨，进口量 423.33 万吨。亚洲种植面积占世界的 40% 以上，非洲占 35% 以上。哥斯达黎加总产量为 305.54 万吨为世界最高的国家，世界菠萝平均单产水平为 24.9 吨 / 公顷，印度尼西亚单产水平最高可达 115.80 吨 / 公顷。

近年来，世界菠萝收获面积和总产量逐渐增加，2008—2017 年世界菠萝面积和产量分别增加 29.4% 和 38.3%。我国菠萝主产区为广东、海南、广西、云南和福建，种植面积为 6.66 万公顷，产量 155.09 万吨，总产值 55.85 亿元。我国菠萝贸易量约占世界总产量的 30 % 以上，主要以鲜果和罐头为主，其中鲜果的贸易量为 706 万吨，罐头的贸易量为 226 万吨；菲律宾出口量最多，约为 93.90 万吨；美国进口量最多，约为 139.70 万吨。

2014—2018 年世界菠萝生产情况

年度	收获面积（公顷）	产量（吨）	产值（万美元）	制品进口（吨）	制品出口（吨）
2014	1 017 886	25 441 964	1 183 907.436	5 090 646	5 322 414
2015	1 017 994	25 861 508	969 747.322 2	4 880 134	5 084 515
2016	1 036 929	25 825 273	859 052.953 3	4 941 274	5 642 964
2017	1 081 988	27 383 085	—	5 274 465	5 843 182
2018	1 111 372	27 924 287	—	—	—

美国夏威夷的菠萝

（中国热带农业科学院海口实验站　供图）

二、生产技术现状

品种培育。菠萝品种选育以引种选育种、杂交育种为主。主要推广种植的优良品种有鲜食型品种 MD-2 和加工制罐品种无刺卡因等。近 10 年来，世界菠萝贸易以鲜食型品种为主，巴西、澳大利亚、马来西亚、泰国、日本等国及中国台湾地区等均以优良鲜食品种为育种目标，选育出一批适应本国生态条件的新品种（系）。但由于美国选育 MD-2 品质优、贮运保鲜性能好，深受欧美等发达国家的喜爱，在世界占有主导地位。我国菠萝品种培育以引种选育为主，引进的 MD-2 和选育的台农 16 号、台农 17 号等台农系列优良品种是我国目前的主推品种。

栽培技术。世界各菠萝生产国种植技术水平参差不齐，以美国都乐公司等跨国公司的种植水平较高，其在菲律宾、哥斯达黎加等国从种到收获和分级包装等有企业标准化规范，严格品控，并且机械化程度高。其次是澳大利亚等国菠萝农场主菠萝种植水平和机械化程度也较高。而柬埔寨、肯尼亚等欠发达国家菠萝生产几乎不管理，不施肥、不催花，产量不稳定，也无机械可供使用。

病虫害防控。世界各菠萝生产国主要病虫害各不相同。菠萝粉蚧及其传播的病毒性凋萎病广泛分布于世界菠萝生产国，多数国家的主栽品种对其具有一定的耐病性，主要通过诱杀蚂蚁并结合喷化学药剂等方法进行防治或使用健康无虫无毒种苗。Fusariosis 病害是巴西等南美国家的主要病害，在马来西亚、南非等国也有发生，对产量和品质影响显著。世界种植大面积的菠萝品种 MD-2 易发生心腐病，主要通过防渍水等栽培技术和化学药剂防治。总体上，国内外对菠萝病虫害的防治主要选用抗病虫品种，并结合化学防治和农业防治，生物防治的研究和应用不多，尚未形成成熟的生防产品。

加工技术。传统的加工主要是菠萝罐头和菠萝汁，由生产企业机械化生产。在废弃物利用上，国外多采用菠萝茎秆生产菠萝蛋白酶，我国则采用加工制罐果渣生产菠萝蛋白酶，并已研发生物活性较高的工艺。在菠萝叶利用上，菲律宾利用菠萝叶纤维制作纺织品，马来西亚、印度等国也对菠萝叶纤维开展研究，我国在利用菠萝叶纤维生产纺织品和叶渣生物肥化、饲料化、能源化等方面取得了突破性的进展，已开发出系列产品。

三、主要问题

一是科技投入不足。除了哥斯达黎加等国家外，大多数国家的菠萝产业不是国家的重要农业产业，因此多数国家菠萝的研究资金不足，目前全球除中国、日本、泰国、巴西、马来西亚、澳大利亚、古巴、科特迪瓦等国及中国台湾地区外，多数国家缺乏专门的科研平台，或缺乏稳定的研究队伍和科技人员。二是技术成果集中掌握在少数国家手中。目前已有的品种、优质栽培理论技术、病虫害防治技术等方面的重要研究成果也基本都是美国等发达国家过去几年的研究结果。

四、技术需求

急需解决的科学问题和关键技术包括：菠萝品质形成机理及其调控的机制；重要农艺性状的遗传规律及优良种质的创制技术；菠萝长期保鲜技术及其配套的设备；菠萝果实的精深加工产品开发及其加工技术；菠萝叶综合利用技术及其配套设备；适应中国等发展中国家和欠发达国家应用的中小型菠萝种植机械、菠萝催花采收多用途机械。

腰 果

一、产业发展状况

腰果是许多发展中国家重要出口创汇作物，主要分布于东南亚、东非、西非、南美洲、中美洲等南北纬 30° 以内的 40 多个国家和地区，主产国为科特迪瓦、越南、巴西、印度、菲律宾、坦桑尼亚和几内亚比绍等国。据 FAO 统计，2017 年世界腰果种植面积 653.44 万公顷，总产量 537.50 万吨，总产值 37.09 亿美元，出口总量 58.18 万吨，进口量 115.35 万吨。科特迪瓦腰果种植面积最大占世界的 25.65%，巴西产量最大占世界的 25.41%，菲律宾腰果单产最高可达 7 770 千克 / 公顷。

2014—2018 年世界腰果生产情况

年度	收获面积（公顷）	产量（吨）	产值（万美元）	制品进口（吨）	制品出口（吨）
2014	5 715 038	3 686 921	310 153.617 1	1 716 686	1 718 487
2015	6 156 302	4 413 363	336 144.074 8	1 983 432	1 934 492
2016	5 669 175	4 058 545	341 507.606 6	1 986 243	2 014 264
2017	5 936 721	5 270 048	—	2 536 499	2 375 391
2018	5 972 724	5 932 507	—	—	—

莫桑比克的腰果
（中国热带农业科学院热带作物品种资源研究所 供图）

二、生产技术现状

品种培育。腰果品种选育以选择育种和杂交育种等技术为主。腰果优良品种在腰果原产地巴西数量较多，其他腰果主产国如坦桑尼亚、印度、越南、几内亚比绍、莫桑比克等也有各自优良主栽品种，产量可达 10 ～ 20 千克 / 株。优良腰果品种的评价主要针对 2 个重要指标：一是单株壳腰果产量，种植 6 ～ 7 年产量达 10 千克以上；二是单粒壳腰果重量和出仁率，单粒 6 克以上且出仁率达 25% 以上。我国目前比较成熟的优良腰果品种有

CP63-36、GA63、FL30、HL2-13 和 HL2-21。由于商业化腰果栽培品种普遍植株高大，难以进行精细化管理，目前巴西正在大面积推广种植矮化腰果品种。腰果矮化品种培育是今后腰果产业发展的重要方向。

栽培技术。腰果种植区域范围大，不同国家土地资源和劳动力资源等情况不同，采用的腰果栽培技术也有差异。在亚洲等土地相对紧张的区域，腰果种植以 3 米 ×3 米；6米 ×6 米；8 米 ×8 米或 10 米 ×10 米的行间距为主，后期腰果相邻植株交叉隐蔽后采用整形修枝技术保持果园通透性，保证腰果产量稳定。在非洲等土地相对充裕的区域，腰果种植以 10 米 ×10 米；12 米 ×12 米；15 米 ×15 米为主，腰果植株较少进行整形修枝管理，腰果园初期间种木薯等粮食作物。保障肥力供给是提高腰果产量的重要方法，标准施肥量一般为单株 500 克氮肥、150 克钾肥和 150 克磷肥。亚洲国家经济相对发达，腰果园普遍进行施肥以提高产量；非洲等国家经济相对落后，肥料等农用物资价格较高，腰果种植户很少进行施肥管理。灌溉也是提高腰果产量的重要技术措施，但是由于投入成本较高，只是在巴西一些大型的腰果种植园才建立喷灌设施，大多数腰果生产国的腰果生产主要依赖降雨灌溉。

病虫害防控。腰果病虫害种类有 300 余种，其中病害有 30 多种，害虫有 250 多种。腰果病虫害是影响腰果产量和质量的重要因素之一，而且不同腰果产区均有不同的主要病虫害。非洲腰果产区主要病虫害为白粉病、炭疽病、叶果回枯病、角盲蝽、鹰嘴象甲等；南美洲腰果产区主要病虫害为炭疽病、黑霉病、角斑病、红带蓟马和椰子粉虱等。亚洲和大洋洲腰果产区主要病虫害为流胶病、花枝回枯病、角盲蝽和天牛等。国内外对腰果病虫害的防治均以化学防治和农业防治为主，生物防治以黄猄蚁等热带地区捕食性天敌为主，但主要依托田间自然发生天敌种群，未能开展人工培育。

机械化。腰果机械化种植水平普遍较低，除一些大型腰果种植园使用机械进行喷药、中耕和施肥等田间管理外，大部分小型腰果园或小农腰果园很少使用机械管理。

加工技术。腰果加工主要以半机械化加工为主，加工的腰果仁整仁率可达 90% 甚至 95% 以上；部分大型腰果加工厂也有全自动加工机械，但其整仁率一般低于半机械化加工。加工出来的腰果仁在越南等国主要以铁罐密封贮藏，在非洲等国主要以塑料袋真空包装为主。腰果原料经过加工，价值可增加 20%。目前越南和印度是世界上主要的腰果加工国，其中越南腰果加工厂约有 1 000 家，其中规模较大的约 45 家，其余都是中小型加工厂或微小型加工厂。

废弃物利用。腰果梨、壳和种皮等果仁以外的副产物也可以开发为产品。腰果梨可鲜食，还可制成饮料、果酱、果醋和糖果；壳腰果约 70% 为种壳，种壳含 30% ～ 45% 腰果壳油。腰果壳油是一种可用作摩擦元件、表面涂料、黏合剂等的工业原材料。分离出腰果壳油的残余物，即腰果壳渣还可用作生产燃料和包装用的多分子板。腰果仁种皮中提取的单宁可用于皮革和化工产业。

三、主要问题

一是技术研发不足。腰果良种良苗缺乏，优良栽培品种种植推广滞后，实生树种植比例大，同时又缺乏标准化优良品种示范基地和种苗繁育基地作为展示示范；许多腰果园长期管理粗放，重收轻管，生产投入严重不足，低产低效；生产期植株普遍较为高大，难以进行精细化管理，腰果园整体机械化管理水平较为低下。二是缺乏完整的产业链。多数国家没有完整的腰果产业链条，难以有效解决种植、加工和贸易环节的互利关系。

四、技术需求

一是需要通过基础研究解决的科学问题。环境因素（海拔高度、气温、湿度）如何影响果实品质（出仁率、含油率等）、生理落果机理、品质形成。二是需通过技术研发解决的关键技术。壳果质量的无损检测技术；开发分子标记辅助育种技术；山地果园的轻简化栽培技术。

荔枝龙眼

一、产业发展状况

荔枝原产于我国，有 2 000 多年的栽培历史，17 世纪末从我国传入其他国家。目前荔枝已广泛分布于亚洲、美洲、中美洲、南美洲、非洲和大洋洲共 20 多个国家和地区。将荔枝作为商品性生产的国家除了中国外，主要有印度、泰国、南非、美国和澳大利亚等国。据统计，2017 年世界荔枝种植面积约为 80 万公顷，产量为 300 万吨。我国是世界第一大荔枝生产国，2017 年种植面积为 54.67 万公顷，产量为 220 万吨，均占世界的 60% 以上。

龙眼原产于我国。当前世界上龙眼主要生产国家和地区有中国、泰国、印度、越南、孟加拉国、马达加斯加、毛里求斯等。龙眼的主要生产和消费区域高度集中于亚洲地区，我国是世界栽培面积最广、产量最大的国家。我国的龙眼栽培主要集中在海南、广东、广西、福建、四川和云南等省区。据统计，2017 年世界龙眼种植面积为 68.67 万公顷，产量 350 万吨，而我国的龙眼栽培面积约 36 万公顷，产量 200 万吨。

荔枝多数在本地市场销售，中国、南非、越南、泰国、澳大利亚等国家是荔枝产品主要出口国家，日本、韩国、中国、美国、欧洲等国家和地区是荔枝的主要进口国家。龙眼消费市场集中在亚洲，我国是世界龙眼最大的消费国，以鲜果消费为主。泰国和越南是主要的龙眼出口国，出口产品以鲜果、龙眼干、龙眼果肉和罐头为主，主要出口东南亚国家、欧洲、美国等。

中国的龙眼

（林红生　摄）

二、生产技术现状

品种培育。我国荔枝栽培品种主要有妃子笑、三月红、黑叶、白糖罂、桂味、大造、白蜡、糯米糍等，世界栽培荔枝品种主要是由我国引进的，面积较大的有毛里求斯引种的大造、妃子笑等。其他栽培品种如印度有 Bedena、Bedana Dehna Dun、Purbi、Kasba、Desi、China 等，越南有 Duong phen、Hoahong、Hunglong 等。泰国的低需冷量品种 Kom、Kra-lok、Bai-Yaw 等。我国龙眼主栽品种有石硖、储良、福眼、大乌圆、广眼、蜀冠等。越南栽培品种有 Long hung yen、Duong phen 等，泰国品种有伊多等。

栽培技术。世界各国荔枝、龙眼果园管理和设施条件差异较大，即使在我国不同的果园管理水平也有较大差异。从世界范围来看，我国荔枝、龙眼园的管理处于较高的水平，在控梢促花、花果管理、采后修剪、高接换冠等环节形成了完善的技术体系。南非的果园机械化水平较高，果园单产也较高，但生产面积很小，果品以出口为主。其他国家和地区荔枝产业的发展主要受制于缺乏技术人员、缺少荔枝科研基础、缺乏优良品种、树体高大难以管理和采后等问题。龙眼生产在我国以正季生产为主，只有少量反季节龙眼生产；越南、泰国已实现龙眼生产的周年供应，近年龙眼种植面积逐步扩大。

病虫害防控。荔枝、龙眼发生比较严重的病害有霜疫霉病、炭疽病、鬼帚病、叶枯病、藻斑病、毛毡病等。虫害主要有蒂蛀虫、蝽蟓、螨类、卷叶蛾类、天牛类、蓟马类、介壳虫类等 80 多种害虫。国内外对荔枝、龙眼病虫害的防治均以化学防治和农业防治为主，生物防治的研究和应用不多，基本尚未形成生防产品。

三、主要问题

一是产业结构有待调整。各地区对于高接换种的品种选择仍存在无据可依的局面，各主要区域的早熟、中熟、晚熟品种结构还有待优化。二是产业技术复杂程度高。因全球气候灾害频发，荔枝、龙眼生产不确定性大，产业技术复杂程度高，开花、结果和品质安全不稳定，果园基础设施条件亟待加速，重大关键技术与农机具共享服务平台技术不足，果园规范化、标准化技术体系不完善；荔枝、龙眼果品易腐、易变质特性，多元的加工和销售渠道缺乏，基于大数据上的消费者个性化服务水平低。

四、技术需求

荔枝品种结构调整势在必行，社会化服务平台建设将加快，多元模式的电子商务快速发展并将倒逼产业升级，受东盟国家荔枝产品的冲击力度也将会持续加大。但我国荔枝产业仍面临生产组织化程度低，果园管理现代化水平低，市场开拓能力不足，加工业发展滞缓，对产业带动作用不明显等现实问题。为促进我国荔枝产业可持续发展，必须从信息流、商流、物流、资金流和人才队伍培育等多方面推进。

番木瓜

一、产业发展状况

番木瓜是热带、亚热带地区广泛栽培的多年生果树，原产南美洲。据FAO统计，2017年世界番木瓜种植面积44.06万公顷、产量1 301.60万吨。世界十大番木瓜生产国是印度、巴西、尼日利亚、墨西哥、印度尼西亚、多米尼加、泰国、刚果、秘鲁和菲律宾，亚洲已跃居番木瓜第一大产区。我国引种栽培番木瓜已有300多年的历史，目前广东、海南、广西、四川、云南、福建和我国台湾等省（区）均有种植。2017年我国大陆种植面积0.58万公顷，产量3.90万吨，呈逐年增长的态势，番木瓜越来越受到果农和消费者的青睐。

2014—2018年世界番木瓜生产情况

年度	收获面积（公顷）	产量（吨）	产值（万美元）	制品进口（吨）	制品出口（吨）
2014	423 848	12 765 039	466 941.880 7	294 634	303 788
2015	410 484	12 163 269	360 502.798 9	335 598	333 020
2016	451 481	12 957 876	378 236.964 7	355 740	357 285
2017	447 829	12 971 418	—	359 295	366 904
2018	1 015 498	13 290 320	—	—	—

二、生产技术现状

品种培育。番木瓜选育以杂交和分子育种为主，种苗繁育一般采用种子和无性繁殖。美国、巴西和东南亚国家在品种选育方面较为先进，主要品种有Surya、Cariflora、Rea Lday、Sunrise Solo、Singapore Pink、Honey Gold 、Washington、Pusa等。近年来，我国南方主栽省区和台湾地区在番木瓜新品种选育方面发展较快，培育了许多高产优质的栽培品种，主要有台农系列、农友、红铃、漳红、桂热、穗中红、蜜红、红日、红妃等，现已大面积推广种植。另外，针对番木瓜环斑花叶病毒这一世界性毁灭性病害，美国和中国分别利用转基因技术培育出可商业化生产的转基因抗番木瓜环斑花叶病毒新品种。

巴拿马的番木瓜
（杨虎彪　摄）

栽培技术。番木瓜栽培管理水平较为先进的地区和国家包括中国台湾地区、印度、巴西、美国等，在水肥一体化技术、土壤管理、机械化使用、病虫害防治等多方面均处于世界领先水平，我国大陆栽培管理技术处于世界中上等水平，在水肥管理和机械化程度方面有待加强。

病虫害防控。番木瓜主要病害有 40 多种，其中发生最普遍、为害最严重的是由病毒引起的番木瓜环斑花叶病和畸形花叶病。此外还有多种细菌和真菌病害，如炭疽病、白粉病、霜霉病、疮痂病、根腐病等。虫害主要有圆蚧、红蜘蛛、蚜虫、毒蛾、斜纹夜蛾、蜗牛等，苗期还经常受小地老虎、大蟋蟀、蛴螬等地下害虫的为害。同时，蚜虫还是番木瓜环斑花叶和畸形花叶病毒的传播媒介。病毒病害防治主要以培育转基因抗病毒番木瓜为主，如已获商业化生产的美国培育的转基因抗番木瓜环斑花叶病毒的 Sunup 和 Rainbow，其他非病毒病害仍然以化学农药和科学栽培管理进行防控。

加工技术。番木瓜的加工成品主要有番木瓜蛋白酶、番木瓜丁、木瓜酒、果脯、果干、蜜饯、果酱、果汁罐头和饲料等。从果实中可提取木瓜蛋白酶、类胡萝卜素、果胶、皂普、叶绿素和糖类等生物活性成分，广泛用于食品、医药、美容、皮革、纺织行业。番木瓜的各类深加工产品在我国仍然处于供不应求的状况，其营养、保健作用越来越得到国人的广泛认可。目前，东南亚国家和美国番木瓜加工技术水平较为先进，虽然国内对于番木瓜的加工利用已取得相关的成果，但关键性深加工技术相对落后。

三、主要问题

一是资金投入不足。番木瓜是高投入高产出的经济作物，水肥条件要求高，大部分番木瓜种植区为欠发达地区，果农资金投入严重不足，产业化水平不高。不能解决水利灌溉与交通道路运输等基础设施问题，缺乏肥料投入，致使番木瓜品质和产量偏低，不能收到应有的效益，影响果农的种植积极性。二是生产体系不完善。另外，番木瓜产业的组织化和信息化程度不高，需构建完善的番木瓜现代产业技术体系，促进番木瓜产业的健康持续发展。

四、技术需求

一是优良品种选育。目前高产优质的番木瓜栽培品种单一，大部分品种经多年实生繁殖，种性逐渐退化，各国之前番木瓜品种资源交流不多，有必要对全球番木瓜种质资源进行收集评价，并开展番木瓜抗病毒病、耐贮和抗寒新品种选育。二是深加工技术研发。番木瓜营养价值高，全身都是宝，但是番木瓜保健功能产品研发能力和深加工技术水平还较落后。如有效物提取技术不够精炼，提取物的纯度有待提高，番木瓜的保健功能尚未被充分挖掘，对番木瓜的根、茎、叶、花等部位的利用率远远不够，产品加工尚未形成产业，导致企业未能将番木瓜副产品的加工制作作为高科技产业推广。

澳洲坚果

一、产业发展状况

澳洲坚果主要分布于亚洲、大洋洲、非洲及南美等 20 多个国家和地区，主产国为澳大利亚、南非、中国、肯尼亚、美国、危地马拉等国。据 FAO 统计，2017 年世界澳洲坚果种植面积 32 万公顷，产量约 18.66 万吨（壳果），产值约 74.64 亿元，进口量 13.3 万吨，出口量 10.50 万吨。我国澳洲坚果主产区为云南、广西、广东和贵州，种植面积 19.24 万公顷，占世界的 60.13%，产量 1.8 万吨，消费量约 4.30 万吨，总产值 7.20 亿元。

中国的澳洲坚果

（中国热带农业科学院南亚热带作物研究所　供图）

二、生产技术现状

品种培育。澳洲坚果品种选育以实生选育和杂交育种等技术为主。世界各主要澳洲坚果种植国种植的优良品种主要是由美国选育的品种 344、246、741、294，以及澳大利亚选育的品种 H2、OC、A16、A4 等。由于品种受气候土壤条件影响，这些引进品种在产量及品质方面的表现均不如其原产地优秀。各种植国家均重视优良品种选育的研究，南非选育出 Nelmark 系列优良品种，我国也选育出南亚 3 号等 6 个优良品种。我国选育的新品种产量高、品质好，已成为我国主推品种。

栽培技术。世界各国澳洲坚果栽培技术侧重点不同。美国、澳大利亚、南非等国在种苗繁育、种植密度、营养诊断、修剪、果园生草方面开展系统研究，研发出适合机械化管理的成熟技术。肯尼亚、危地马拉、越南等国则是积极引进优良品种，开展套种模式研究，但是这些国家的果园大部分为山地果园，基础设施差。我国在种苗繁育、整形修剪、保果技术方面做了大量的工作，也是以山地果园为主，基础设施落后，大部分果园没有灌溉条件。

病虫害防控。澳洲坚果病虫害约有330多种，主要害虫有20多种，主要病害有10多种；主要螨类有4种，主要病原菌有30多种；此外鼠害为害也较为严重。为害比较严重的病虫害有蟀蠓、蛀果螟、蓟马、粉蚧、果皮斑点病、炭疽病、速衰病。其中蟀蠓、蛀果螟是为害世界澳洲坚果生产最严重的害虫；果皮斑点病、炭疽病是主要的病害。国内外澳洲坚果病虫害的防治均以化学防治和农业防治为主，生物防治的研究和应用不多。

加工技术。目前，澳洲坚果加工产品以壳果产品、果仁产品为主，还有少量的油产品。美国、澳大利亚在澳洲坚果机械脱皮、脱壳、壳果干燥、产品保存等方面做了大量的研究，并形成了一整套加工技术。在副产物利用方面，利用果壳可制作成高品质的活性炭；果皮中含有8%～10%的蛋白质，粉碎后可家畜饲料；从果皮提取熊果苷可用于高级化妆品的制备，提取对羟基苯甲醇、对羟基苯甲醛、槲皮素、豆腐果苷、天麻苷等酚类化合物可用于制作保健品。

三、主要问题

澳洲坚果在产业发展中，澳大利亚、美国、南非的果园基础设施较完善，从种植、收获到产品加工方面标准体系完善已实现机械化管理，有成熟的产业协会提供技术指导和服务。协会和政府每年拿出一定的经费聘请专家进行技术研究和推广工作，协会的另一项主要工作是市场调查与营销。而其他国家为山地果园，以人工管理为主，基础设施较差，尚未建立完整的技术标准体系，部分国家（中国、肯尼亚和越南）成立了产业协会，但协会尚未为产业研究提供经费支持，国家每年提供的研究经费不多。

四、技术需求

需要通过基础研究解决的科学问题包括环境因素（海拔高度、气温、湿度）如何影响果实品质（出仁率、含油率等）、生理落果机理、品质形成。需通过技术研发解决的关键技术有壳果质量的无损检测技术，开发分子标记辅助育种技术，山地果园的轻简化栽培技术。

油　梨

一、产业发展状况

油梨原产于中美洲及墨西哥湿润地区，是著名的热带、亚热带果树，同时也是木本油料树种之一。主要分为墨西哥系、危地马拉系和西印度系三大种群，全世界约有 40 多个国家种植，以美国南部、危地马拉、墨西哥及古巴栽培最多。美洲为油梨的主产地，其油梨产量约占全世界产量的 2/3，墨西哥是世界第一大油梨生产国和出口国。据 FAO 统计，2017 年世界油梨收获面积 58.70 万公顷，产量约 592.4 万吨，产值 310 亿元；2016 年全球油梨进口量 197.83 万吨，出口量 191.37 万吨。目前我国油梨栽培面积约 6 万亩，主要分布在云南、广西、海南、四川、贵州、广东等省（区），收获面积约 1 万亩，产量约 4 500 吨，进口量 3.2 万吨。近两年，我国油梨产量呈平稳上升趋势。

2014—2018 年世界油梨生产情况

年度	收获面积（公顷）	产量（吨）	产值（万美元）	制品进口（吨）	制品出口（吨）
2014	519 660	5 044 382	472 333.702 8	1 551 798	1 443 277
2015	542 072	5 284 135	431 628.257 2	1 795 409	1 666 351
2016	574 375	5 636 234	461 912.695 7	1 996 523	1 916 226
2017	592 389	6 005 285	—	2 139 321	2 064 455
2018	918 531	6 407 171	—	—	—

二、生产技术现状

品种培育。在 20 世纪初，通过油梨种质资源选择育种和杂交育种等育种方法，美国等国家选育出大批具有早熟、晚熟、产量高、保存期长的优良品种，其中选育的 Fuerte、Zutano 和 Hass 等优良品种现已成为世界范围内主要种植品种。我国选育工作起步较晚，至今只有桂垦大 2 号、桂垦大 3 号和桂研 10 号等几个优良品种在广西种植推广。

栽培技术。世界各国油梨栽培技术侧重点不同。国际上，主要针对油梨果园设计、种植密度、树冠管理、修剪、环割等做了大量研究，制定了相关田间管理技术规程。特别是

卢旺达的油梨

（刘国道　摄）

在利用覆盖和堆肥技术防治根腐病和利用植物生长调剂促进油梨增产增效上取得了良好效果。我国主要采用从油梨幼树期就通过对树体根系的覆盖方式，来增加有机质和益生菌以抑制根腐病发生。同时，通过油梨授粉受精时的品种间合理配置延长了鲜果的供应期。

病虫害防控。全世界油梨的主要害虫约有30多种，在北美洲、大洋洲及亚洲，茶红螨、鳄梨褐小爪螨、鳄梨螨、鳄梨红螨对油梨为害较大。在非洲，白蚁是为害油梨的主要害虫之一。在病害方面，根腐病是为害油梨最严重的一种病害，具有较强的传染性。针对油梨根腐病的防治研究，在栽培管理、化学防治、生物防治以及培育抗病砧木等方面已取得相关成果。其中，培育出的Barr Duke、D9、Dusa、Latas等砧木对根腐病有较高抗性。

加工技术。油梨被广泛应用于化工、医疗等领域。油梨具有较高的保健作用，所含不饱和脂肪酸可降血脂和胆固醇，保护心血管和肝脏系统；其高能低糖的特性，是糖尿病病人最理想的食品；同时可治疗硬皮病、牙周炎、脊椎髓炎等疾病。此外，油梨油与人体皮肤亲合性好，对紫外线还具有吸收作用，富含维生素A、维生素E，具有良好的护肤、防晒与保健作用，已广泛用于高档化妆品上。

三、主要问题

技术研发与产业发展不平衡。油梨根腐病是全世界范围内最严重的油梨土传性病害，通过侵染根部导致树体死亡，严重威胁油梨产业发展。同时，随着油梨种植面积以及种植范围的扩大，特别在东南亚、非洲等“一带一路”沿线国家中，油梨产业的发展凸显出严重缺乏油梨适宜种植抗病品种、高效栽培技术、优良品质形成与保持技术，采后保鲜物流网运输技术、油梨全资源综合利用技术的问题，严重制约着世界油梨产业的健康持续发展。

四、技术需求

在种质资源收集鉴定评价基础上，结合杂交育种等手段，选育出适合不同气候带种植的品种。研发不同品种的高效种苗繁育技术，为油梨种业提供健康优质种苗。加强油梨树体整形、水肥一体化、轻便机械等高效栽培技术的研发，解决油梨栽培问题。加快油梨根腐病致病机理的研究，培育出抗病砧木，研发油梨根腐病的综合防控技术。加强油梨采后保鲜技术的研发，并与物流网运输技术相结合，提高油梨采后保鲜。研发油梨全资源综合利用技术，提高油梨综合利用，开拓利用领域。

火龙果

一、产业发展状况

火龙果资源主要分布在中美洲和南美洲的墨西哥、哥伦比亚、厄瓜多尔等国家，种植区域主要分布在亚洲、美洲、澳洲，主要包括中国、越南、泰国、菲律宾、马来西亚、以色列、印度尼西亚、印度、缅甸、孟加拉国、美国、尼加拉瓜、哥伦比亚、墨西哥、澳大利亚等 20 多个国家。据统计，2018 年全世界火龙果面积约 9.60 万公顷，产量约 170 万吨，总产值约 25.5 亿美元。主要生产国家是中国、越南 2 国。我国火龙果种植面积超过 4.50 万公顷，其中台湾地区约 0.25 万公顷，产量约 90 万吨；越南种植面积约 4.10 万公顷，产量约 70 万吨。

巴西的火龙果

（中国热带农业科学院热带作物品种资源研究所　供图）

二、生产技术现状

品种培育。火龙果品种主要依据果肉和果皮颜色进行分类，分为红皮红肉型、红皮白肉型、红皮粉肉型、黄皮白肉型等类型。主栽品种红皮白肉系列有越南白肉、白玉龙等；红皮红肉系列有大红、蜜宝、富贵红、桂红龙等；黄皮白肉系列有燕窝果、无刺黄龙等。目前，火龙果的品种选育主要依靠实生选育、芽变选育、杂交育种以及多倍体育种，主要育种资源来自中美洲地区，开展品种选育的主要有中国、越南、以色列等国。越南选育了自交亲和高产的火龙果品种 Vietnam #1、H14 等品种，以色列选育了无刺黄皮白肉品种。我国台湾地区较早开展了火龙果品种选育工作，选育的大红、富贵红等已成为国内的主栽品种。我国大陆选育了紫红龙、粉红龙、黔果一号、黔果二号、晶红龙、仙龙水晶、粤红 3 号、莞华红、莞华白、莞华粉红、双色一号、紫龙、大龙等品种。但整体上，世界各国栽培的火龙果的优良品种并不多，火龙果产业的持续发展需要培育高产、抗寒、抗病、耐贮运、高品质且能够自花授粉的新品种。

栽培技术。我国火龙果的栽培技术在国际上处于领先地位，从建园、搭架定植、水肥管理、杂草控制、整形修剪、花果管理、病虫害防治、采后处理等各个环节均实现标准化生产。同时在大部分区域已实现了规模化种植、机械化操作、物联网管理、网络化销售等，形成了从种植到采收到销售的一体化模式，极大地节省劳动力和生产成本，提高了经济效益。利用补光等反季节栽培技术，实现全年不间断果实供应，实现了丰产、稳产。

病虫害防控。火龙果病虫害有 30 多种，为害比较严重的病害有溃疡病、炭疽病、茎枯病、茎斑病、软腐病等；为害比较严重的虫害有食蝇、斜纹夜蛾、蜗牛、蚂蚁、蚜虫等。在不同地区以及不同时期，火龙果的主要病虫害种类不同。目前国内火龙果病虫害主要还是以化学药剂防治为主，但尚没有专门针对火龙果病虫害防治的药剂，技术研究主要围绕高效低毒药剂筛选、混配及施药技术研发等。随着火龙果种植面积的扩大，国内外许多地区都提出了火龙果病虫害综合防治技术，主要措施包括抗病品种选育、果树营养、种植技术、果园卫生清理、施药技术、基于诱剂和诱饵的灭除技术、病原微生物、天敌应用等绿色综合防控技术。

加工利用。火龙果加工产业也开始不断壮大，研制了火龙果色素、果酒、果醋、果干、果汁、酵素等一系列产品，加工产业已初具规模，为火龙果产业发展和壮大提供了新的机遇。

三、主要问题

火龙果产业目前存在的主要问题为产业规模较小，市场供需不平衡，全球种植面积还未达到 200 万亩，远远满足不了市场需求。科技投入不足，优良品种不多，主栽品种同质化较严重，亟须培育具有耐寒、耐贮运、抗病性好等优异性状的高产优质新品种；生产管理与加工技术有待提升，生产技术尚未实现标准化、机械化、信息化，采后保鲜与食品加工技术与设施滞后等。

四、技术需求

火龙果分类与系统发育关系、种质资源鉴定评价及其技术体系、火龙果自交不亲和现象的成因及其分子遗传机制、火龙果寒害胁迫响应机制及其耐寒品种培育、火龙果成花机制与花期调控技术、火龙果采后生理生化研究与保鲜技术、火龙果病害胁迫响应机制及其抗溃疡病等品种培育、火龙果甜菜素生物合成的分子机制研究以及火龙果色素提取与加工工艺技术体系等。

百香果

一、产业发展状况

百香果原产巴西至阿根廷一带，主要分布于中南美洲、东南亚、澳洲及南部非洲，主产国为巴西、圭亚那、美国的夏威夷、墨西哥、澳大利亚、印度尼西亚、斯里兰卡、马来西亚、越南等国。东南亚进口集中在10月—次年5月，进口量平均50万斤（1斤＝500克，全书同）/天，均价12～15元/千克。我国百香果主产区为福建、广西、云南、海南、广东、台湾等省区，种植面积即将突破100万亩，亩产2 000～3 000斤，均价14～20元/千克，总产值约150万元。

中国的百香果

（中国热带农业科学院海口实验站　供图）

二、生产技术现状

品种培育。百香果品种选育以选择育种、传统杂交育种等技术为主。主要推广种植的优良品种有 Lacey、Ouropretano、Muico、Peroba、Pintado、Mirim、Guassu、Hawaiiana、Brasilera amarilla 以及澳黄系列。针对百香果高温不开花的情况，澳大利亚等国家开展百香果成花机理和遗传信息学等基础研究，取得较大进展，选育出耐高温品种。我国选育的台农 1 号、芭乐小黄金等优良品种，产量高、风味佳，已成为我国主推品种。

栽培技术。世界各国百香果栽培技术侧重点不同。巴西等国在百香果种苗选择、园地选择、覆盖、施肥、灌溉、修枝整形等技术方面开展系统研究，研发出一套适合自己国家的成熟技术，并且栽培技术与品种相配套。越南等国家通过加强修剪、施肥等栽培措施提高产量。中国台湾非常重视种苗质量控制、深翻土地和起高垄等环节。虽然每个百香果种植国家都有适合自己国情的栽培技术、配置灌溉等基础设施，但仍有部分国家较依赖于降雨等自然条件。

病虫害防控。百香果主要病害有 30 多种，主要害虫有 20 多种。发生比较严重的病害有花叶病毒病、茎基腐病、木质化病毒病、果斑纹病毒病、褐斑病、疫病等。其中，病毒病是严重影响百香果产量的首要病害，对百香果生产为害最大，广泛分布于世界百香果的各个产区。果实蝇、蓟马是为害百香果生产最严重的害虫，分布于巴西、越南等绝大多数百香果主产国家和地区。国内外对百香果病虫害的防治均以化学防治和农业防治为主，生物防治的研究和应用不多，主要是采用诱虫剂、粘虫板等手段。

加工利用。百香果初加工主要是浓缩浆的冷冻加工。国外针对贮藏条件和加工条件对百香果风味品质尤其是香气物质的影响开展了研究，贮藏过程中品质劣变的调控途径需深入探究。在副产物利用方面，国外果皮利用已具工业化规模。果皮经脱水干燥后，以 22% 的定量配给供乳牛食用，是一种优良的乳牛碳素饲料，在美国夏威夷工业化生产中用作产奶动物的饲料。紫皮百香果果皮中含有大量色素可广泛应用于食品、化妆品等生产中。

三、主要问题

百香果生产基础设施简陋，市场体系不健全；缺乏支撑型龙头企业；科技投入偏少，创新研发较弱，突破性品种与技术缺乏，产业化发展水平不高；宣贯力度较小，品牌认知度低；监管机制不健全，产品质量安全无保障；种苗繁育体系不健全；种苗管理混乱且连年种植，病毒病发生严重，严重影响百香果产量和品质，成为制约产业发展的瓶颈。

四、技术需求

解析全基因组序列，构建百香果病毒库，精准挖掘抗病毒基因，进行靶向育种，选育高抗品种，解决产业的瓶颈问题。解析糖酸和香气物质的合成转化的代谢途径，挖掘调控代谢途径的因子，选育糖酸比高和不同香气的品种，满足市场发展的需求。建立标准化繁育和病毒快速检测技术体系，保障产业健康发展。

第六章

热带蔬菜和花卉

热带蔬菜

一、产业发展状况

根据2017年度FAO统计数据，世界热带地区各类蔬菜（含根茎类蔬菜和鲜食玉米等）种植面积3 740万公顷，产量4.12亿吨。其中，亚洲1 666万公顷，产量2.41亿吨；非洲1 826万公顷，产量1.31亿吨；南美洲167万公顷，产量2 956万吨；北美洲（含加勒比海地区）65万公顷，产量917万吨；大洋洲（含南太平洋岛国）16万公顷，产量153

刚果（布）的热带蔬菜
（党选民　摄）

万吨。中国单位面积产量水平最高，设施蔬菜比例最大。随着中国“一带一路”倡议的实施，通过大量的援外专家和企业的努力，优良品种和先进生产技术推广到柬埔寨、缅甸等南亚国家、南太平洋岛国、中南美洲和非洲地区。目前，全球的蔬菜交易以当地为主，只有 5% 的蔬菜走入国际市场，热带蔬菜比例更低。在拉丁美洲和非洲国家，蔬菜主要在当地售卖。

二、生产技术现状

品种培育。近年来，中国热区相关科研单位已收集并保存各类蔬菜种质 10 700 余份，其中茄果类蔬菜 5 000 余份、瓜类近 3 000 份、叶类蔬菜近 700 份和其他蔬菜 2 000 余份；以培育耐湿热及抗病品种为目标，选育出茄果类、豆类、叶菜类等蔬菜品种 500 多个。泰国年平均气温 32℃左右，是重要的蔬菜种子繁育基地。

栽培技术。中国热区相关科研单位在蔬菜健康栽培技术、水旱轮作模式、集约化嫁接育苗技术和水肥一体化技术等方面开展深入研究，研发出一系列较适合热带气候特点的栽培设施。但非洲、南太平洋岛国等区域的蔬菜生产仍然处于相对比较粗放的状态。

病虫害防控。高温高湿的气候环境导致病虫害世代交替、为害严重，主要包括蓟马、螨类害虫、瓜实蝇、白粉虱、玉米螟、小菜蛾等虫害，以及茄果类青枯病、瓜类枯萎病、疫病、病毒病、白粉病、根结线虫病等病害。中国热区相关科研单位已研发缓（控）释肥应用技术、壳寡糖免疫技术及多种类型的昆虫性诱剂、太阳能杀虫灯、黄蓝板诱杀技术等，构建安全蔬菜绿色防控技术体系，在辣椒、苦瓜、冬瓜的大面积栽培中应用，能减少化学农药使用 20% 以上。

加工贮运。由于热带地区蔬菜冷链流通装备与技术落后，应用程度较低，蔬菜在流通过程的总损耗高达 20% ～ 35%。而欧美日等发达国家与地区 70% 以上的蔬菜实现了冷链流通，损耗仅为 1% ～ 5%。中国南部地区北运瓜菜的地头预冷、分装和贮运商业化水平相对较高。在深加工方面，我国蔬菜已大规模开发生产出速冻蔬菜、蔬菜罐头、脱水蔬菜等，但受能源和环境的限制，热区蔬菜大规模的仍然是北运，加工比例较少。

三、主要问题

热带蔬菜生产的区域处于发展水平较落后的地区，经济发展和科学水平较低，技术水平和生产能力整体不高，不同区域间蔬菜产业发展并不均衡，非洲、南太平洋岛国等区域的蔬菜生产仍然处于相对比较粗放的状态；耐湿热抗病蔬菜品种短缺；高温高湿的气候环境导致病虫害世代交替、为害严重，加上部分地区过量使用农药化肥，导致热区菜田养分失衡、连作障碍日趋严重，而节本增效、节水节肥等生产技术应用不够；适合热区生态条件的抗病抗逆耐贮运蔬菜品种较少，物流过程中的采后保鲜、贮运设施等技术储备存在明显不足。

四、技术需求

在基础研究领域，一是开展蔬菜产量、抗性及品种形成机制的研究，为高产优质抗逆品种的研发提供理论依据和重要的基因资源。二是攻克连作障碍难题，明确水旱轮作等技术与蔬菜防病的关系，明确湿热环境下瓜菜营养障碍、水肥运筹与瓜菜产量品质调控关系。三是明确热带气候条件下蔬菜养分需求规律、水肥耦合效应和菜田土壤养分变化规律，明确作物养分吸收规律与均衡施肥的关系，为施肥制度制定提供依据。四是研究热带气候条件下蔬菜采后生理生化机制，明确采后生理特性及贮运保鲜参数。

在品种选育和技术研发方面，一是重点加强耐贮运高产抗逆优质蔬菜品种选育；二是优化提升蔬菜集约化育苗技术；三是优化绿色防控技术。优化重要病虫害的预测预报、科学用药以及物理防控技术；完善蔬菜质量控制系统，加大蔬菜质量控制力度，开展地域性用药的风险评估，构建农药安全指引技术；四是菜田土壤培肥与可持续利用技术。研究与集成土壤肥力评价与配方施肥、中低产田地力提升、根际与叶面施肥结合、有机肥与无机肥配施、均衡施肥与水肥一体化等关键技术问题；研发热带蔬菜专用肥、水溶肥、缓释肥和叶面肥等系列产品；五是优化设施蔬菜生产技术。重点开展设施构型优化、设施专用型品种筛选与培育、菜田土壤地力培育、无土栽培基质配方与配套营养液配方筛选、主要病虫害绿色防控、设施瓜菜倒茬轮作等关键技术研究；六是优化贮运保鲜技术。重点开展预冷与运销一体化包装、流通链质量控制及监测设备研发、低能耗制冷系统及环境控制、生物保鲜剂的研制及应用等关键技术创新，构建蔬菜安全贮运综合配套技术。

热带花卉

一、产业发展状况

世界花卉产业主要包括鲜切花、盆栽花卉、观叶植物、绿化苗木、草坪等产品，还包括花卉种子和种苗、专用花肥、育花基质、园林机械等辅助产业，以及花卉产品直接的生产、加工、运输、销售及现代农业观光旅游等的行业。花卉业是世界各国农业中唯一不受农产品配额限制的产业。近 10 余年来，世界花卉业以年平均 10% 左右的速度增长。

2016 年全球花卉贸易额约 3 700 亿元，种球（种苗）生产约 2 355 亿元。荷兰是世界花卉的主要出口商，包括球根花卉、鲜切花、切枝等，一直占据世界花卉出口 50% 以上的比例，而近几年呈下降趋势。南美洲的哥伦比亚凭借较低的成本和便利的交通条件成为全球通过海运进行鲜切花贸易的大国。哥伦比亚、肯尼亚、厄瓜多尔和埃塞俄比亚在全球鲜切花出口市场的占有率达 44%，超过了荷兰。2017 年，中国种植面积达 132.91 公顷，销售总额为 1 533 亿元，现已成为世界最大的花卉生产基地和旺盛的花卉消费市场。中国花卉出口额 41.5 亿元，在世界花卉出口中所占的比例较小。

马来西亚国花——朱槿

（中国热带农业科学院热带作物品种资源研究所　供图）

二、生产技术现状

品种培育。荷兰是世界上花卉品种更新最快的国家之一，郁金香、红掌等花卉新品种占据世界市场的主要份额，拥有着强大的科研团队，平均每年可推出 500 ～ 600 个新品种。自 1999 年中国加入国际植物新品种保护联盟（UPOV）以来，截至 2016 年年底，我国培育花卉新品种 2 300 多个，其中授权观赏植物新品种 1 330 个。

栽培技术。自动化、智能化控制技术与配套装备在设施园艺产业广泛应用，实现了区域种植专业化、农艺制度标准化、温室结构大型化、作业机具多样化、生产全程机械化、生产管理智能化。荷兰阿姆斯特丹70%以上的花卉都是通过温室无土栽培实现，通过物联网技术对环境和栽培技术进行精密控制。

病虫害防控。从单一病虫为对象的防治发展到以一植物整个生育期的主要病虫为对象的综合防治，从农业生态系统出发，注重环保和健康，防控方法主要包括植物检疫法、农业防治法、生物防治法、物理机械防治法和化学防治法。

贮运保鲜。安全、新型的杀毒和保鲜剂层出不穷，大多数国家将诺福作为首选的消毒和保鲜剂。该产品达到欧盟的各项要求和安全认证，并经多个国家政府、专业认证机构和大学的检测。

三、主要问题

自主选育的热带花卉新品种较少，产品质量和竞争力还需加强；高科技的设施和设备缺乏，小型机械的应用明显不足；生产基础薄弱，行业分工不够细化；平台整合不够，行业能力发挥有限；专业化人才缺乏，产业要素集聚程度低；重大支撑平台建设投入不足，持续性支持缺乏等问题。

四、技术需求

在基础研究领域，一是通过精确筛选和挖掘控制花型、花香、花色及抗性等优良性状的重要基因，为开展转基因育种提供基础。二是对基因功能进行深入研究，系统探索优良性状的形成规律及其分子机制，为种质资源评价和挖掘提供可靠依据。三是开展水分和营养利用规律和高效利用机制研究，为精准施肥和智慧生产技术提供理论支撑。

在品种选育和技术研发方面，一是研发分子标记、基因编辑、转基因、多倍体诱变等技术，完善花卉常规育种技术体系，通过分子设计育种与常规育种技术组合，构建育种技术体系，聚合优异基因，创制高产、抗病、抗逆等突破性育种材料和品种。二是构建环境友好型综合防控技术体系，开展病虫害快速检测和防控技术研究，提高病虫害防控水平，解决红掌细菌性疫病、兰花病毒病等病害。三是研发花卉高效、优质和节能生产新模式和新技术，实现智慧生产，实现花卉产品高质量生产。四是与大健康、养生、美容、旅游等相关产业结合，研发保健品、药妆品等精深加工技术，延长产业链、提高产品附加值、提升综合效益。

第七章

香辛饮料作物

咖啡、胡椒、可可、香草兰是世界上重要的热带香辛饮料作物，特色鲜明、用途广泛、发展潜力大、产品种类多、附加值高，是改善人们生活品质必需的重要农产品，也是我国重要的特产资源。目前，世界总种植面积 2 400 多万公顷，总产量 1 200 多万吨，总产值超过 500 亿美元。

咖　啡

一、产业发展状况

咖啡主要分布于南美、中美、西印度群岛、亚洲、非洲、南太平洋及大洋洲等赤道两旁南北回归线之间的 80 多个国家和地区，主产国为巴西、越南、印度尼西亚、哥伦比亚等国。2017 年全球咖啡收获面积 1 086.70 万公顷，产量约 921 万吨，产值 1 150 亿元，进口量 898.75 万吨，出口量 690.20 万吨。我国咖啡主产区为海南、云南和四川，种植面积 11.87 万公顷，产量 16 万吨，消费量 12.80 万吨，总产值 26.21 亿元。

2014—2018 年世界咖啡生产情况

年度	收获面积（公顷）	产量（吨）	产值（万美元）	制品进口（吨）	制品出口（吨）
2014	10 438 846	8 761 695	1 781 597.996	8 795 191	9 051 794
2015	10 711 532	8 865 752	1 502 563.717	9 052 436	9 263 395
2016	10 652 258	9 353 937	1 612 234.662	9 646 562	9 546 715
2017	10 153 972	9 162 344	—	10 042 403	9 710 691
2018	10 584 305	10 303 118	—	—	—

中国的咖啡
（中国热带农业科学院香料饮料研究所　供图）

二、生产技术现状

品种培育。咖啡品种选育以选择育种、杂交育种及诱变育种等为主。主要推广种植的优良品种有铁毕卡、波邦、卡杜拉、埃卡突、蒙多诺沃、卡杜埃、S288、CCCA24 、CCCA25、瑰夏等。在咖啡叶锈病威胁下，肯尼亚、埃塞俄比亚和葡萄牙等国家开展了咖啡遗传信息学和咖啡锈病基础研究，取得较大进展。科特迪瓦通过秋水仙处理选育的阿拉比卡和罗布斯塔杂交种阿拉伯斯塔，因品质好、咖啡因含量低，在非洲和亚洲热带湿润低海拔地区被普遍推广种植。我国选育的热研 1 号、热研 3 号等中粒种咖啡及德热 132、卡蒂姆 CIFC7963（F6）等小粒种咖啡优良品种，因产量高、品质好，已成为我国主推品种。

栽培技术。世界各国咖啡栽培技术侧重点不同。越南、巴西等国近年来从咖啡品种选择、繁殖技术、园地选择、覆盖、施肥、灌溉、荫蔽树选择、修枝整形等方面开展系统研究，研发出一套适合自己国家的成熟技术，并且栽培技术与品种相配套。肯尼亚非常重视覆盖；越南等国家通过加强修剪、施肥等栽培措施提高产量。虽然每个咖啡种植国家都有适合自己国家的成熟技术，但过度依赖于降雨等自然条件，灌溉等基础设施落后，劳动力成本高，普遍未采用机械化或机械化水平不高。

病虫害防控。咖啡病虫害种类约有 900 余种，其中病害有 50 多种，害虫有 800 多种。发生比较严重的病虫害有咖啡锈病、果小蠹、天牛、黑枝小蠹、褐斑病等。每年因病虫为害造成咖啡减产 30% 左右。其中，咖啡锈病是严重影响咖啡产量的首要病害，对咖啡生产为害最大，广泛分布于世界咖啡的各个产区。咖啡果小蠹是为害世界咖啡生产最严重的害虫，分布于巴西、哥伦比亚、越南、印度尼西亚、印度等绝大多数咖啡主产国和地区。除此之外，咖啡灭字脊虎天牛、咖啡黑枝小蠹是印度、越南、中国等亚洲国家发生较重的害虫。国内外对咖啡病虫害的防治以种植抗病品种、农业防治和化学防治为主，生物防治研究多集中在白僵菌、寄生蜂等生防资源挖掘利用方面，田间应用效果好的生防产品种类较少。

加工利用。咖啡初加工方法主要有湿法加工、半干法加工和干法加工。国外在热泵、太阳能干燥、对流和间歇干燥、干燥过程有限元模拟等方面均有研究，我国开展了热泵低温干燥、背压式干燥及太阳能增温干燥等技术研究，研究成果已在小范围推广应用；研究出咖啡烘焙、粉碎、浸提（萃取）、浓缩、干燥、拼配及包装全套加工技术设备，并实现机械化、智能化生产，同时也研发出家用小型加工设备。国外科学家就贮藏对咖啡组织结构、水分分布状态、感官及风味品质的影响等从一些角度开展了研究，目前的研究还未明确咖啡豆贮藏过程中品质劣变的主要原因和途径。在副产物利用方面，国际上利用咖啡果皮生成生物乙醇、β-葡糖苷酶、发酵乳酸、单宁酸酶等；也有利用生物技术处理咖啡果皮和果肉，可增强营养成分，适合生物喂养；此外利用咖啡银皮作为抗氧化剂，可用来治疗糖尿病；利用咖啡渣碱法提取多糖。

三、主要问题

咖啡种质资源精准鉴定评价水平低，新品种选育仍然以传统技术为主，高效的多组学鉴定评价、创新利用技术基础薄弱，优质、抗虫、抗锈性新品种选育滞后，难以培育出突破性新品种。

咖啡多种植在丘陵地，并且咖啡花期、果期不同步，造成劳动成本高，机械化应用难度高，机械采摘品质低。过度依赖降雨等自然条件，灌溉等基础设施落后，抵御旱灾等自然灾害能力弱。防病减灾机制、生物防治技术等基础研究较为薄弱，一些重大病虫害防控的关键技术研究滞后。产品初加工技术不规范，配套设备缺乏，产品质量参差不齐，精深加工技术及功能营养型产品缺乏，副产物综合利用水平不高。

四、技术需求

优质、抗锈、抗虫新品种选育，良种良苗繁育和标准化生产技术。咖啡花期调控技术，以及复合栽培模式构建及配套技术研发，连作障碍形成机理解析及削减技术。重大病虫害防病减灾机制研究，主要病虫害监测预警技术、绿色防控技术研发，生物资源挖掘利用、绿色环保新型药剂及高效简便施药机械研制。咖啡豆贮藏过程中品质劣变的机理及途径，微波真空干燥过程中咖啡豆主要风味物质、含水率、色泽及组织结构的动态变化规律，干燥过程中水分扩散和迁移影响咖啡豆的微观结构和风味品质机制。智能化连续脱皮脱胶装备、绿色节能干燥生产线研发，营养功能型系列产品研发及副产物高质化利用。

胡　椒

一、产业发展状况

胡椒种植已遍及亚洲、非洲、拉丁美洲 40 多个国家和地区，主产国为越南、印度尼西亚、印度、斯里兰卡、巴西、中国和马来西亚等国，种植面积 56.8 多万公顷，总产量 69 万吨，年原料贸易额 40 亿美元，其中亚洲种植面积和产量均占世界的 85% 以上。我国胡椒主要分布在海南、云南、广东、广西和福建等省（区），种植面积 2.61 万公顷，总产量 4.38 万吨，居世界第五位，目前已发展成为年产值 30 多亿元、关系 100 万名以上农村人口收入的重要热作产业。

2014—2018 年世界胡椒生产情况

年度	收获面积（公顷）	产量（吨）	产值（万美元）	制品进口（吨）	制品出口（吨）
2014	486 709	523 968	277 361.174 1	380 393	408 341
2015	513 548	577 422	328 575.596 1	404 481	422 417
2016	545 262	622 636	349 827.629 1	382 541	386 056
2017	563 061	692 153	—	388 675	366 399
2018	586 078	732 524	—	—	—

柬埔寨的胡椒

（中国热带农业科学院香料饮料研究所　供图）

二、生产技术现状

品种培育。胡椒新品种选育以无性系选择法、杂交选育等传统技术为主。印度是胡椒的起源地和最早栽培胡椒地区，拥有大量的胡椒资源，育种历史悠久，是世界胡椒栽培品种最多的国家，在印度种植广泛的品种有 70 个以上。其中代表性品种为，印度国家香料研究中心培育的高产品种 KS-14 和 KS-27，喀拉拉邦农业大学培育的 Culture141 和 Culture331。印度班尼约尔胡椒研究站从 7 000 多个杂交后代中选育出抗瘟病、长果穗新品种 Panniyur 1，在此基础上陆续改良更新 Panniyur 系列新品种 10 个，改良的性状涉及早熟、抗枯萎病和耐旱等。其他生产国主要以引进筛选、实生选育为主，品种更新缓慢。我国以印度尼西亚大叶种的自然群体为材料，选育出国审胡椒新品种“热引 1 号”，该品种具有产量高、长势旺等优点，是我国的主栽品种，种植面积占 90% 以上。

栽培技术。国外关于胡椒栽培技术研究主要集中在养分管理和复合栽培方面。印度等国开展胡椒营养诊断施肥技术研究，提出了施肥技术方案；印度、印度尼西亚、马来西亚等国开展了胡椒与椰子、槟榔、可可、咖啡、菠萝蜜等热带作物复合栽培调研，主要集中在经济效益分析方面，较少提出具体复合栽培技术。国内开展了矮柱密植、应用落叶剂增产效应、覆盖增产、叶片营养诊断指导施肥高产栽培技术研究，大幅度提高了产量水平；提出抗风等栽培技术，有效缓解了台风对产业的为害，为产业稳定发展提供了技术支撑；开展了胡椒与槟榔、橡胶间作等高效栽培技术研究，显著提高单位土地产出，并为解决胡椒连作障碍这一世界难题提供了新思路。

病虫害防控。胡椒主要病虫害有胡椒瘟病、枯萎病、花叶病、细菌性叶斑病、炭疽病和根结线虫病等，尤其以胡椒瘟病为害最为严重，是世界各胡椒生产国的首要病害。印度尼西亚、马来西亚、巴西、印度、中国、泰国、柬埔寨、越南、斯里兰卡等国家均曾因胡椒瘟病爆发流行导致胡椒大幅减产和重病椒园被迫荒弃或改种其他作物。胡椒枯萎病在巴西为害严重。胡椒花叶病是马来西亚、菲律宾、斯里兰卡、泰国等国家的主要病害之一。胡椒细菌性叶斑病在中国曾一度爆发流行。国内外对胡椒病害的防治均以化学防治和农业防治为主，生物防治的研究和应用不多，基本尚未形成生防产品。

加工利用。世界胡椒产品主要是黑胡椒和白胡椒，黑胡椒约占总产量的 79%，白胡椒约占 20%。白胡椒脱皮以浸泡脱皮为主，另外有乙烯利催熟机械脱皮、生物酶辅助机械脱皮和机械脱皮等脱皮新技术；黑胡椒的加工采用日晒直接干燥或者热处理增色和快速干燥技术；青胡椒采用热风干燥和冷冻干燥技术；盐水绿胡椒采用经热处理和盐水保存技术；采用超临界提取、溶剂提取和水蒸气蒸馏法制备胡椒油树脂和胡椒精油；采用微胶囊技术对胡椒精油进行包埋制备胡椒精粉；以黑胡椒或者胡椒鲜果为原料制备胡椒调味酱产品。

三、主要问题

胡椒栽培品种易感胡椒瘟病，缺乏抗病品种是国内外胡椒产业发展面临的突出问题之一。目前，栽培品种多具有长势旺、产量高等优异性状，但抗病性不足，易感瘟病、线虫等，造成生产中需要投入大量人力、物力用于瘟病预防。而且，一旦少数植株感病则易相互传染，带来大面积死亡，严重打击从业者信心，威胁产业发展。

胡椒传统种植技术多依靠人工投入，需工多、劳动强度大，导致农民从业意愿下降，影响产业发展。胡椒传统种植过程每年需结合深翻扩穴开展人工施肥 4 次，劳动强度大；而且胡椒为多年生藤本植物，每年绑蔓、剪蔓、去顶芽等树体管理工序多；胡椒果实熟期不一致，每年果实采收劳动强度大且持续时间较长。随着农村劳动力数量下降及劳动力成本上升，谁来种植、谁来采收等问题日益突出。

胡椒初加工产品以家庭小作坊式加工为主，白胡椒传统水浸泡脱皮导致产品异味重、品质不稳定，产生的废水易对环境造成污染，而且果皮和嫩果浪费严重；黑胡椒加工多采用日晒法，易受天气影响，加工周期长，产品易霉变、杂质多、外观差。造成产品品质难以提升、食品安全难以保证，不利于品牌打造和高端出口，产品附加值难以提高。

四、技术需求

国内外胡椒品种选育历史表明，胡椒栽培种内缺少抗瘟病基因，而野生近缘种抗病基因的挖掘利用潜力巨大，但受到生物学特性及传统杂交育种技术水平限制，短期内难以突破。因此，短期内通过种间嫁接技术突破抗病嫁接种苗技术，或者通过最新的生物技术，挖掘野生近缘种抗病基因，并通过转基因等分子育种技术培育出有效的抗瘟病栽培品种是目前产业中亟须解决的突出科学问题之一。

机械化是解决我国农业劳动力成本高、效率低等问题的重要手段。针对生产技术仍以人力为主，高成本、低效率已成为胡椒走向现代高效农业的障碍等问题，以机械化为手段，重点研发宜机化种植模式，创制机械化深松、智能水肥药一体化、采收技术及设备，实现关键种植环节机械化初步实现全程机械化，推进胡椒产业“机器换人”，解决谁来种植、谁来采收等产业突出问题的主要技术需求。

以“绿色加工、生态环保”为原则，开发智能化脱皮设备、清洁能源干燥生产线、水循环利用系统，升级清洁初加工技术及设备，实现清洁、脱皮、干燥、分选为一体的胡椒全自动加工生产线；创制鲜果全果生香处理、风味物质高效提取及稳态化技术及设备，挖掘风味潜力，提升附加值，解决胡椒初加工污染重、产品附加值低的问题。

可　可

一、产业发展状况

可可主要分布在中美、南美、非洲、东南亚的 80 多个国家和地区。据国际可可组织（ICCO）统计，2018 年世界可可收获面积约 1 100 万公顷，产量 460 万吨。其中，主产国科特迪瓦的可可豆产量占世界总产量的 42.30%，加纳占 19.50%。2017 年世界可可豆总出口量为 285 万吨，占总产量的 62%，总出口额达 68.50 亿美元，总进口额达 77.10 亿美元，是国际贸易总量比例较高的农产品之一。

2014—2018 年世界可可生产情况

年度	收获面积（公顷）	产量（吨）	产值（万美元）	制品进口（吨）	制品出口（吨）
2014	10 491 570	4 757 222	765 107.2	5 725 738	5 809 914
2015	10 816 598	4 807 505	618 850.5	5 264 458	5 798 614
2016	10 774 458	4 714 038	619 252.3	5 999 051	5 665 003
2017	11 778 225	5 277 863	644 250.6	6 859 761	6 769 936
2018	11 834 970	5 252 377	637 526.9	—	—

哥斯达黎加的可可

（中国热带农业科学院香料饮料研究所　供图）

二、生产技术现状

品种培育。世界范围内，中美洲、南美洲可可生产国在优良品种培育方面开展了系统工作。厄瓜多尔、秘鲁、巴西等国研究机构从亚马孙可可遗传资源多样化区域中筛选出 PA、P、NA、EET、CJ、RB、MA、CA、TSA 系列优良株系，再通过抗病筛选，选育出抗病品种 PA30、PA150，高产品种 CCN51 等。国际热带农业研究和高等教育中心（CATIE）从收集保存的可可核心种质中筛选出抗黑果病材料，通过杂交培育出 CATIE-R1、CATIE-R2、CATIE-R3、CATIE-R4、CATIE-R5、CATIE-R6 等高产抗病品种，其中 CATIE-R6、CATIE-R4 的产量达 1 500 千克每公顷。我国选育的热引 4 号可可品种产量高达 1 578 千克每公顷，是世界平均单产水平的 3.5 倍，接近世界最高产品种 CCN51 产量 1 800 千克每公顷的水平，耐寒性较强，可可脂含量达 53.20%。

栽培技术。生产上，科特迪瓦、加纳、印度尼西亚等可可种植园多采用“靠天吃饭、粗放管理”的方式，种植园过早退化，缺乏配套栽培技术和养分管理技术，种植的积极性不高。研究表明，在种植密度和方式适宜的条件下，有遮阴树的可可种植园可以获得与单作种植相当的可可豆产量，有经济价值的遮阴树也可以提高可可种植园的经济效益。虽然科特迪瓦政府采取扶持政策和措施，推广可可与橡胶等其他经济作物复合种植，但由于缺乏实用、有效的配套技术支持，收效甚微。

病虫害防控。可可主要病虫害包括黑果病、丛枝病、肿枝病、霜霉病、条纹枯病、盲蝽、豆荚螟和小蠹虫等。不同国家和地区主要病虫害有所不同，非洲地区主要为肿枝病、黑果病、褐盲蝽和豆荚螟等，亚洲主要为担子菌属病害，我国可可主要为黑果病、茶角盲蝽和小蠹虫。全球每年因病虫害造成的可可经济损失约为 20%，目前的主要防控策略是化学防治和农业措施。

加工利用。可可主产国初加工技术多为木箱或田间堆沤发酵，干燥后将水分降至 8% 以下。目前西非和东南亚等大多数生产国采用最简单且最盛行的日晒干燥，阴雨天气采用热空气传导、辐射加热和干燥机烘干等方式。经过发酵和干燥后的可可商品豆主要被运送至欧美各可可制品生产国，经烘焙、风选、碱化、压榨、研磨等工艺，获得可可液块、可可脂、可可饼和可可粉。可可液块和可可脂主要出口欧美国家用于生产巧克力。可可果壳含有丰富蛋白质和纤维，晒干后磨成粉可作饲料，并富含氮和钾，可用来制作堆肥。可可湿豆外层果肉可用于制作果汁、酿酒和制醋。

三、主要问题

可可种质资源作为维持其产业健康发展的源头，深入的开展调查、收集、保存、鉴定和评价研究是提升可可种质保护、创新与利用的关键。但许多研究仅停留在形态学观察、描述及简单的分子标记分类上，与其他大宗作物相比，研究相对滞后。我国可可于 20 世纪 20 年代从东南亚引种，为国外引进作物，经过长期种质资源引进保存工作，现已收集保存了大量的可可资源，然而资源鉴定评价缺乏系统性，优异育种资源偏少，难以为新品种培育提供充足的种质材料。国内可可栽培种多采用印度尼西亚引进的 Trinitario 品种实生后代，品种混杂，产量不高，品质参差不齐，易感黑果病，抵御风险能力差。此外，缺乏配套的良种良苗繁育技术和标准化生产技术，导致种植生产成本高、综合效益偏低。长期以来仅在海南岛东南部和云南西双版纳零星分布，一直未能实现规模化推广种植，难以满足国内对可可制品的旺盛需求。

由于清除受害植株、加强栽培管理等措施劳动强度大，人力、物力成本高，中小型以下种植户难以接受，可可主要病虫害防控还是依靠大量广谱性农药的重复使用，造成病虫害抗性加剧、环境污染等问题。我国对可可黑果病、茶角盲蝽、小蠹虫等研究尚不深入，目前仅停留在发生特点、生活习性及化学防治措施等方面，尚无有效的可持续综合防控措施，而因化学防治造成的农药残留也成为农产品国际贸易的技术性“绿色壁垒”，是我国农产品出口的主要障碍。因此，有必要从绿色防控的角度出发，开展相关研究，解决化学防治困难、农药残留等问题。

可可副产物的加工利用进展缓慢，由于我国可可种植地较为分散，收集可可果汁用于加工非常困难，可可的种植多为农户，规模均较小，副产物的产量较低，收集和运输成本相对较高，因此需要规模化才可能用于工业生产加工，另外采用日晒干燥可可果壳用于生产饲料，由于采用燃料或电源干燥的成本比较高，因此当可可果壳原料量大时，采用日晒干燥就难以实现快速加工。可可果壳含纤维较多，因此采用生物酶或生物转化方法改变成分组成，将是未来提高可可果壳在饲料中使用比例的重要措施。

四、技术需求

加强可可种质资源的考察收集与引种研究。可可属内有 22 个种，如 *T. cirmolinae*、*T. glaucum* 和 *T. mammosum* 等，目前仅可可和大花可可用于栽培，尚有 15 种具有开发应用前景。哥伦比亚、巴西、哥斯达黎加等地区分布着大量的可可自然居群和携带各种抗性基因的优异种质。然而，我国可可资源相当匮乏，为促进可可种质资源的创新与利用，需要加强资源的收集和优异种质的引进。

建立完善的可可种质资源鉴定、评价体系。可可种质资源遗传多样性研究经历了形态学、细胞学和分子水平的独立发展阶段，而这些鉴定类别之间缺乏有机的统一。甚至，鉴定结果间差异较大。尽管各种鉴定均在一定程度上体现出遗传资源的丰富程度，但在揭示种质资源宏观水平的表型变异在微观分子水平上的关联时却缺乏直接的依据。此外，可可作为世界三大饮料作物之一，品质是决定价格和市场竞争力的关键因素。目前，可可种质品质评价一般根据农艺性状和部分成分的含量来确定，尚缺乏对其功能性成分的信息物质或分子指纹、化合物结合态及功能结构等方面的精细鉴定。因此，构建一个合理的、规范的、系统的可可种质资源鉴定、评价体系亟待开展。

可可是异花授粉作物，在遗传上高度杂合，多数主产国以种子繁殖为主，F_1 代强烈分离，提高早期选育效率和准确鉴定目标性状成为可可育种家关心的重要问题。利用分子标记与目标性状间的紧密连锁关系对性状进行辅助选择，为可可分子辅助育种的研究提供新的思路。基于连锁不平衡的关联分析一般以自然群体为材料，将目标性状变异与基因多样性结合，可直接鉴定出表型变异相关的基因位点或标记位点，以及对目标性状有正向贡献的特异等位变异。因此，在收集保存大量种质资源的基础上，利用关联分析检测与目标性状显著关联的基因位点，发掘特异等位变异载体，可为可可重要基因克隆和分子育种提供基础；并选育适合我国气候环境特点的高产、优质、抗逆新品种，并研发相配套的生产技术，解决产业发展对良种良苗的迫切需要。

针对目前可可产量不高，单位面积经济效益可比性缺乏竞争优势等问题，以间作和单作可可为研究对象，重点开展可可高效栽培技术研究与示范、可可节本增效栽培技术研究与示范、可可轻简化栽培技术研究等工作，进一步降低劳动力和物资投入，提高综合效益，总结可可高效栽培、节本增效、轻简化等配套技术，编制实用技术培训资料，通过科普宣传、培训、技术指导和示范展示等多种形式及途径推广应用，促进可可产业发展。

开展害虫与寄主的化学通讯机制研究，从植物挥发物对害虫的影响和害虫对植物挥发物的识别 2 方面出发，为开发特异性昆虫行为调节剂和寻找农药新靶标提供参考。寄生蜂、捕食螨、郭公虫等天敌昆虫对防治小蠹虫具有较好效果，开展相关天敌昆虫对小蠹虫的防效筛选研究；筛选对重要病虫害有抗性的生物型资源；筛选对重要病害有防效的生防菌。

国际上可可制品主要生产国大部分仍然在一些比较发达的国家，如比利时、法国、德国、意大利、荷兰、英国、巴西、美国、马来西亚等，这些国家以可可的二次精深加工为主，主要生产可可液块、可可脂、巧克力等产品，而可可商品豆的主要进出口贸易仍然由一些可可主产国把控，专门或部分出口优质或有香味可可豆的生产国目前有哥伦比亚、哥斯达黎加、巴布亚新几内亚、多米尼克、秘鲁、多米尼加共和国、圣卢西亚、厄瓜多尔、圣多美和普林西比、格林纳达、特立尼达和多巴哥、印度尼西亚、委内瑞拉玻利瓦尔共和国、牙买加（国际可可协定），而目前我国只有海南少量种植，围绕特色资源，应制定可可初级加工和精深加工发展计划，考虑消费者对产品品质需求的进一步提升，提供更加优质的单源产地化可可制品，提高质量，增强食用安全，建立必要的可可加工控制措施和生产规章制度，保证可可豆的品质，确保可可在整个产销过程中的品质诚信，考虑农民和供应链中的参与者起到的作用，为其寻求可持续经济发展，促进可可原产地的使用，努力实现更有效和持续的可可加工产业价值链，提高可可的可追溯性，同时开发可可型副产品。可可豆的主要加工对质量形成有显著影响，发酵过程中海南可可豆的质量变化以及产地化精深加工需要开展更多的工作，开发以海南可可豆为原料生产的具有特征味道和香气的巧克力，提升单一来源巧克力的市场占有率。

香草兰

一、产业发展状况

香草兰主要分布于南北纬 25° 以内、海拔 700 米以下的热带和亚热带地区，主产国为马达加斯加、墨西哥、印度尼西亚、乌干达、印度和留尼旺等国。2017 年，世界香草兰种植面积约 10 万公顷，产量 8 000 吨左右，以马达加斯加和印度尼西亚种植面积最大，分别占全世界的 75.90% 和 15.90%，产量占全世界的 35.60% 和 33.30%。世界进出口总量为 3 500 ～ 4 500 吨。香草兰主要进口国为美国、法国和德国，其次为加拿大和英国。2016 年以来，香草兰贸易额超过 9 000 万美元。

2014—2018 年世界香草兰生产情况

年度	收获面积（公顷）	产量（吨）	产值（万美元）	制品进口（吨）	制品出口（吨）
2014	95 098	7 098	1 475.148 7	7 971	7 273
2015	91 618	7 253	1 538.673 5	8 865	6 906
2016	88 138	7 278	1 569.697 1	7 328	5 467
2017	96 498	7 717	—	23 680	6 462
2018	97 892	7 575	—	—	—

二、生产技术现状

品种培育。世界上广为栽培的香草兰有墨西哥香草兰、塔希堤香草兰和大花香草兰 3 个种，其中，墨西哥香草兰是主栽品种，占 90% 以上，品质佳。中国热带农业科学院香料饮料研究所开展了墨西哥香草兰、大花香草兰及帝皇香草兰 3 个种间的正反杂交育种研究，平均结实率可达 78%，各个杂交组合间具有较好的亲和性，为培育抗性品种奠定了基础。生产上种苗繁育以无性繁殖为主，直接割取生长健壮的母蔓作为种苗。

栽培技术。世界热区香草兰主要采用次生林下粗放式栽培，以杂草、枯枝落叶作为根系覆盖，日常管理中几乎不施肥，世界平均单产为 80 千克每公顷，产量低，土壤质量退化。我国香草兰种植主要采用人工荫棚设施栽培和林下复合栽培两种模式，管理精细，平

马达加斯加的香草兰

（中国热带农业科学院香料饮料研究所　供图）

均单产超过世界主产国水平。在荷兰瓦赫宁根大学，开展了气候非适宜区温室内立体种植香草兰技术研究，目前该研究尚处于起始阶段。

病虫害防控。香草兰主要病害有根（茎）腐病、疫病和细菌性软腐病。目前主要采用农业防治、化学防治和生物防治相结合的方法。

加工利用。香草兰主要采用现代高新技术如溶剂提取、微波—超声协同萃取、超临界 CO_2 等技术提取主要活性物质并制备成酊剂、油树脂、精油等中间产品，香草兰商品豆荚和中间品被广泛用于食品和化妆品行业。

三、主要问题

墨西哥香草兰栽培品种单一，遗传多样性低，抗性弱；国外以林下复合栽培为主，管理粗放，易受病虫害侵染，产量低，国内以人工设施荫棚栽培为主，长期单一种植，易导致连作生物障碍，影响产量和品质；世界香草兰供不应求，商品豆荚品质参差不齐，高附加值产品少。随着产业发展、市场结构调整和市场渠道拓宽，香草兰初级加工技术严重限制了香草兰精深加工产品研发及科技创新能力提升。

四、技术需求

加强香草兰种质资源的收集和保护力度，丰富资源的遗传多样性，选育新品种；加强林下复合栽培技术及连作生物障碍削减技术研究，形成香草兰绿色高效种植技术体系；加强香草兰发酵生香过程中物质代谢转变规律研究，为香草兰的发酵生香机理提供理论支撑；加强香草兰标准化初加工工艺研究，解决香草兰发酵豆荚品质参差不齐；加强香草兰功能活性价值研究，丰富研发产品种类。

第八章

剑　麻

一、产业发展状况

剑麻是重要的热带纤维作物，剑麻纤维具有强度高、韧性强、耐腐蚀、不带静电等优点，是海洋渔业、海洋交通运输业和工矿等行业所需的不可替代原料。世界种植剑麻的国家有 22 个，分布在美洲、非洲和亚洲的热带、亚热带地区，其中非洲国家 12 个，拉丁美洲国家 7 个，亚洲国家 3 个。巴西、坦桑尼亚、肯尼亚、海地、马达加斯加、墨西哥、中国为世界剑麻主产国，其中巴西面积最大，产量最多，分别占世界的 60% 以上。国际上开展剑麻纤维及制品出口贸易的主要出口国为巴西、肯尼亚、坦桑尼亚、马达加斯加和中国，5 国剑麻纤维及制品出口量占世界总出口量的 80% 以上。世界约有 20 多个国家和地区进口剑麻纤维，30 多个国家和地区进口剑麻纤维制品。纤维年进口量较多的国家有中国、葡萄牙、西班牙、墨西哥、奥地利、比利时等；纤维制品年进口量以美国最多，其次为法国、德国、加拿大、比利时、荷兰、日本、沙特阿拉伯、越南、印度尼西亚等。目前国内拥有各类剑麻加工厂 60 多家，剑麻综合加工能力超过 10 万吨，加工原材料缺口部分主要依靠进口。

2014—2017 年世界剑麻生产情况

年度	收获面积（公顷）	产量（吨）	产值（万美元）	纤维及制品进口（千吨）	纤维及制品出口（千吨）
2014	283 092	255 271	15 076	148.6	152.2
2015	328 560	305 913	18 033	148.4	150.7
2016	331 486	299 749	17 691	—	—
2017	217 892	202 223	—	—	—

二、生产技术现状

国外开展剑麻研究的国家主要有坦桑尼亚、墨西哥、美国、巴西、印度、西班牙、突

坦桑尼亚的剑麻

（中国热带农业科学院南亚热带作物研究所 供图）

尼斯、南非等，内容以综合利用居多。

品种培育。坦桑尼亚是最早开展剑麻有性杂交育种的国家，并于20世纪50年代育成了龙舌兰杂种第11648号（H.11648），在之后推广种植时由于普遍暴发了斑马纹病，东非坦桑尼亚剑麻试验站开始采用有性杂交方法选育抗病新品种，培育出对斑马纹病具较强抗性的杂种第67041号，但在其后的应用中因病源菌发生变化而成为感病品种。墨西哥和巴西也开展过剑麻选育种研究工作，早期曾选育出高纤维率或产量高、叶片多的新品系。进入21世纪以来，国外的剑麻育种科研主要集中在种质资源鉴定评价和生物技术等研究。种质资源的鉴定与评价主要集中在墨西哥进行，内容涉及剑麻种质资源调查及形态特征描述，开发和利用分子标记技术进行遗传多样性分析等。美国通过株选培育出具备丛生与叶片黄绿斑驳特性的剑麻新品种等。我国通过剑麻种质资源斑马纹病抗性鉴定与抗病种质筛选研究，筛选出一批高抗型种质，找到了转育抗病品种的抗原亲本；对剑麻种质倍性、资源性状、生物学、纤维特性等方面进行了深入研究，利用有性杂交培育出抗斑马纹病品种粤西114号和热麻1号、广西76416号等。

栽培技术。国外对剑麻栽培技术的研究集中在20世纪70—80年代，东非坦桑尼亚剑麻试验站在种苗繁育苗上改吸芽繁殖为珠芽繁殖；在种植方式上改单行种植为双行种植；

并在良种 H.11648 推广上进行了探索，由于解决不了 H.11648 的病害问题延误了良种化进程。巴西推行免耕农业以减少耕作成本，改强度割叶为合理割叶和轮作。墨西哥只在开割前进行施肥管理，开割后基本不施肥，每年仅除草 2 ～ 3 次。总体来说，国外剑麻种植业较为粗放，种植的品种主要有普通剑麻、灰叶剑麻、蓝剑麻、马盖麻和 H.11648 等，品种配套栽培技术的研发较少，由于品种不同，割叶强调难以掌握，普遍强割，因留叶过少而影响产量。国内剑麻生产长期种植单一品种，栽培技术上沿用 20 世纪 80 年代形成的剑麻高产栽培技术措施，近年来，通过试验示范增加了新的高效生产技术内容，如改良营养诊断施肥配方，通过小行施肥培土、水肥滴灌 + 盖地膜、小行水肥药一体化、大行间种绿肥等试验，研发出剑麻轻简化栽培技术。

病虫害防控。通过建立剑麻主要病虫害消长动态监测点和取样分析植株营养水平与病害发生的关系，确立了剑麻斑马纹病、茎腐病预测预报技术体系，根据不同气候病虫害蔓延情况进行发布预警，并推广应用农业栽培预防措施、生物防治及药剂防治等综合防控技术，有效控制危险性病虫害蔓延，大幅度降低防治成本。

机械化。剑麻生产的机械化程度较高，目前除大田种植和叶片收获需人工操作外，其他生产环节基本实现机械化操作。目前有麻园开垦机械、起畦机械、喷药机械、施肥覆土机械、麻头破碎机械等，种植管理的机械化大大降低了劳动强度。尽管已有各种剑麻专用作业机械，但剑麻的植地环境差别较大，目前国内大部分剑麻种植在山地上，大多机械应用不上，而且叶片收获与加工厂的叶片运输均需人工操作，劳动强度大，因此，应加大小型作业机械和收获机械的研发力度。

综合利用。国外对剑麻综合利用的基础研究居多，研究内容涉及以龙舌兰为原料生产乙醇的菌株及相关酶鉴定及其对糖类发酵过程的影响，用剑麻纤维制作复合材料或作为生物复合材料的增强剂以及功能成分的提取，用纤维废料生产高表面活性炭，以剑麻叶片制备及优化维素浆用于手工制备纸袋，从剑麻薄壁细胞中分离和鉴定纤维素纳米片制作透明膜，以剑麻加工产生的麻渣用于动物饲料、复合材料、种植蘑菇和水培蔬菜的基质等。我国在综合利用上目前大部分企业已实施麻渣回田做肥料，液汁回田前还分离麻膏提供制药原料，淘汰后的麻头也粉碎回田，已初步形成以麻养麻的良性发展态势。

三、主要问题

一是品种资源贫乏，缺少适于多用途利用的综合型品种。目前世界剑麻种植品种局限于传统的几个品种，产量与抗性难以统一，随着人们对环境友好型生态和剑麻产品的多样化需求，急需解决抗性强、产量高、并适于多用途开发利用的生产品种。二是政策扶持缺失，缺乏剑麻园建设专项扶持基金。剑麻种植第三年才有收益，第七年才有利润，基础投资较大。由于没有相关扶持政策，剑麻园建设基础差，直接影响其后期收益。三是机械化生产装备不健全。剑麻规模化种植非常适宜实施机械化，目前剑麻种植与初加工已实现机械化，但缺乏叶片收获机械，叶片收割依靠人工进行，劳动强度极大、劳工奇缺，直接制约产业发展，配套机械研制滞后也严重影响了剑麻生产全程机械化。四是剑麻特色产品开发滞后。目前使用的剑麻制品加工工艺与设备大多为 20 世纪 80 年代形成的，由于技术与装备滞后，产品科技含量低，大部分为低档的初级产品，缺乏高附加值特色产品。五是综合利用率和附加值低。剑麻除纤维利用外，占剑麻 95% 以上的液汁和麻渣目前仅作回田的肥料，综合开发和利用率低。剑麻渣回田前可提取剑麻核酸、果胶、剑麻蛋白酶、剑麻皂素等，通过提取其活性物质或制造贵重药物提高原料附加值。

四、技术需求

加快剑麻育种技术研发培育多用途剑麻品种。剑麻有性杂交育种耗时长效率低，必须加快剑麻育种技术研究，通过多学科协作，加强生物技术育种研究，挖掘功能基因，构建剑麻品种遗传改良技术体系，创制优异基因型，培育抗性强、产量高和适于多用途开发利用的剑麻新品种。

加强剑麻综合利用技术研发。剑麻除纤维外，其液汁和废渣等尚有广泛的用途，剑麻根、茎、叶含有多种天然产物，目前可从中提取食品添加剂剑麻核酸、果胶及医药原料剑麻皂素等，剑麻皂素可合成具有抗癌活性的衍生物；麻渣和液汁、麻茎可以用来制作乙醇、生产沼气和发电等。应加强剑麻多用途利用技术研发，研究剑麻园资源循环利用的技术方法和模式，将原料生产延伸到初加工环节，促进资源循环利用和生态环保，提高剑麻园整体效益。

加强剑麻收获机械研制。剑麻为长生产周期的劳动密集型产业，通过研究开发剑麻叶片收获机械，配套剑麻生产全程机械化的工艺及设备，降低劳动强度和生产成本，是剑麻生产可持续发展的关键。

加强剑麻纤维精深加工技术研发，开发剑麻特色产品。剑麻纤维合成组件研发，利用其韧性好、质量轻、隔热性好等优点开发用于门板、轿车衬里、扶手等部件的加强筋；利用剑麻纤维与塑料混合制作可降解塑料用于汽车轻工业的复合材料；利用剑麻生产的纸张具有良好的通透性、高抗撕裂性和高耐折度的特点开发茶袋纸、包装纸、钞票纸、新闻纸和绝缘纸等。

第九章

药用植物

一、产业发展状况

药用植物在医药中一直占有重要地位。植物来源的药物约占全部药物的1/3。世界范围内均在使用药用植物，其中亚非拉具有世界上最丰富的药用植物资源和最为丰富使用草药的传统经验，可为发展健康和生物产业创造了良好条件和广阔空间。常见药用植物有槟榔、益智、砂仁、巴戟天、广藿香、沉香、肉桂、八角茴香、艾纳香、辣木、穿心莲、乳香、没药、催吐萝芙木、诃子等。

在东亚、南亚和东南亚以中医和印度医学应用为主的药用植物 5 000 余种，以非洲传统医学应用为主的 1 000 种，以阿拉伯传统医学应用为主的 800 ～ 1 000 种，以拉丁美洲传统医学应用为主的 1 000 余种。很多中药前身都是外来植物，后来逐步了解其药性，在国内广泛应用，并具有较大的产值。例如沉香，2010 年之前最大的市场在中东，其次是中国台湾地区、日本及欧洲。目前，世界沉香年消耗量约 4 500 吨，且逐渐增长。2013 年世界沉香产品贸易总额达 500 亿元，2017 年该贸易额已上升至 2 500 亿元。

2014—2018 年世界槟榔生产情况

年度	收获面积（公顷）	产量（吨）	产值（万美元）	制品进口（吨）	制品出口（吨）
2014	971 411	1 277 301	196 928.012 4	321 083	334 932
2015	979 925	1 447 198	224 305.986 5	238 790	365 956
2016	1 003 990	1 397 351	215 018.128 5	199 983	279 336
2017	970 995	1 414 764	—	185 567	271 407
2018	1 029 894	1 428 617	—	—	—

2014—2018 年世界肉桂生产情况

年度	收获面积（公顷）	产量（吨）	产值（万美元）	制品进口（吨）	制品出口（吨）
2014	267 708	212 973	72 083.807 3	165 252	168 093
2015	266 025	219 225	71 093.791 8	156 197	161 615
2016	264 591	224 683	68 942.897 5	157 937	161 970
2017	260 240	222 706	—	174 772	159 668
2018	264 623	221 815	—	—	—

2014—2018 年世界八角茴香生产情况

年度	收获面积（公顷）	产量（吨）	产值（万美元）	制品进口（吨）	制品出口（吨）
2014	1 137 852	1 000 735	248 308.639	443 659	449 193
2015	1 187 818	1 076 816	248 308.639	414 252	413 960
2016	1 334 129	1 156 679	248 308.639	492 234	483 482
2017	1 265 052	1 172 591	—	405 628	458 250
2018	1 236 049	1 146 610	—	—	—

巴拿马的药用植物

（杨虎彪　摄）

二、生产技术现状

品种繁育。传统上药用植物多来源于野生药材，开展人工培育的种类不足 1/10。常用药材中经选育的优良品种不多，大多数人工栽培的中药材没有进行系统的种质资源的调查、收集、整理、保存和评价工作，缺乏遗传育种学各项遗传参数、生长发育规律、种子特征、药材质量药效与栽培因素的关系等基础数据的积累，特别具有高整齐度、高产、优质或高抗的新品种还不多，而在药材生产上大规模推广应用的优良品种更少。目前已培育的包括益智、槟榔、罗汉果、牛大力、三七、仙草、石斛、薏苡、沉香等仅几十个优良品种。

人工规模种植。作为生长在热带地区的南药绝大多数分布于我国华南地区和越南、泰国、马来西亚等东南亚国家。我国是南药的主产区和传统种植区，产量和面积均占全世界的 90% 以上，主产区为海南、广东、广西、云南、福建等省（区），具有悠久的种植历史和利用记载，种植种类有 100 多种，其中槟榔、益智、砂仁、巴戟天被称为传统的四大南药。据统计，2014 年我国南药种植面积约 67 万公顷，已建立 70 多个南药规范化生产示范基地，20 多种南药药材基地先后通过了国家食品药品监督管理总局的中药材 GAP 基地认证。作为近年来备受关注的辣木，全球种植面积 47 000 公顷，主要分布于亚洲、非洲、中美洲等国家和地区。印度是辣木的主要原产地，也是世界上最大的生产国，年种植面积约 3.8 万公顷，年产果荚约 130 万吨。古巴近年种植规模发展较快，年均种植面积约 5 000 公顷。近年亚洲、非洲和中美洲等其他国家和地区引种和推广栽培辣木速度也呈加快趋势。

精深加工。药用植物品种繁多、经济产值总量大、附加值高、区域性强等特点极其鲜明。国外药用植物多以植物提取形式进行开发。随着植物提取物功能产品种类越来越多的在国际上被承认，大量功能产品作为食物添加剂、原辅料或者补充剂进入国际市场。在环保、安全、回归大自然健康理念的影响下，西方国家也开始致力于天然提取物的开发，对我国传统的食药两用的植物也开展了深入的研究，并借助其技术优势对植物提取物进行了分离精制，提升了植物提取物功能性产品的附加值。在提取技术方面，随着超临界流体萃取技术、大孔树脂吸附分离技术、生物酶解技术、高速逆流色谱分离技术、分子印迹分离技术、超声提取技术、微波提取技术等提取分离技术逐渐得到应用，极大地促进了药用植物提取物的开发利用。

三、主要问题

药用植物作为中药产业的重要组成部分，其品种繁多、经济产值总量大、附加值高、区域性强等特点极其鲜明，但其产业发展也存在诸多问题：一是资源保护力度不足。长期以来，由于生态环境破坏及南药掠夺性乱采滥挖，野生资源濒临枯竭；南药种植大多为野生种，选育、提纯、复壮少，优良种质资源逐步退化；南药种类多，资源保护难度大。二是良种繁育体系不健全。药用植物优良品种培育滞后，与产业发展需要不相适应。大部分种类尚未制定严格的制种技术规范和标准，种子种苗生产不规范，良种繁育基地少。三是药材及深加工产品质量水平整体不高。药用植物标准化生产技术规范体系不健全，大部分种类没有建立质量及产品监测、监控标准；药用植物产业整体标准化生产水平低，已成为制约产业持续发展的瓶颈。四是组织化、产业化程度整体不高。药用植物种植大多以农户分散为主，专业大户、家庭农场、合作社等新型经营主体总体偏少，生产的盲目性大，往往造成供需失衡；部分产区没有根据自身的资源禀赋种植适宜品种，药材产量低、品质差；药材加工多以初级产品为主，产业链条短，产品研发滞后，高附加值或精深加工产品少；企业规模小、实力不强，缺乏产销一体化龙头加工企业，产业化程度低。

四、技术需求

在基础研究领域，一是阐明药用植物产量和品质形成的生物学机制，可为优质高产药材的生产提供理论依据。二是解析药用植物功效的物质基础和作用机理，为药用植物健康产品的开发提供依据。

在关键技术和产品研发方面，一是通过分子育种和常规育种技术相结合，构建热带药用植物优良品种选育繁育技术体系，定向培育不同功用的中药材，满足药材多样性需求。二是发展“拟境栽培”“人种天养”与现代农业规范化种植相结合的生态种植技术，同时重视资源综合利用和循环经济的发展，保证优质药材健康可持续生产。三是利用组学技术解析大宗常用热带药用植物重要次生代谢产物合成途径，为热带药用植物新药研发、药用植物的育种等提供理论依据和技术手段。四是利用现代质谱和色谱技术研究热带药用植物功效成分的提取、分离和鉴定技术，发现生物活性成分，深入认识天然产物的药理功能，发现新的药理功效，为新药创制寻找先导分子。五是研发热带药用植物大健康产品研制关键技术，开展新产品工艺配方、生产技术、质量标准建立及安全性评价研究等，获得质量可控和安全有效高科技特色新产品。

第十章

热带牧草与畜禽

热带牧草

一、产业发展状况

世界热带草地面积 34 亿公顷，主要分布于非洲、澳洲、南美洲以及中国与东南亚地区，我国热区草地面积约 0.65 亿公顷。国际热带牧草产品贸易具有明显的地域性，出口主要集中在澳大利亚等草业发展较快的国家，进口主要集中在亚洲中国与东南亚国家等。目前，国际牧草产品市场上，澳大利亚等国家的贸易规模占主导地位，发展中国家的贸易规模正在逐渐扩大。

萨尔瓦多的王草
（杨虎彪　摄）

二、生产技术现状

品种培育。中国热带农业科学院通过引种、选种成功育成了热研 1 号银合欢、热研 2 号柱花草、热研 12 号平托落花生、热研 16 号卵叶山蚂蝗等 27 个热带牧草新品种，特别是柱花草等豆科牧草品种的育成有效地解决了我国南方苜蓿难以生长导致优质豆科牧草缺乏的问题。广西畜牧所通过辐射育种育成了 907 柱花草，国际热带农业中心通过杂交育种育成国际牧草品种 Mulato Ⅰ、Mulato Ⅱ臂形草等。中国热带农业科学院也从国际热带农业中心引进了杂交种并育成热研 4 号王草，成为我国产量最高的牧草，不仅在我国南方地区大面积推广种植，也在很多北方地区推广种植。利用航空辐射，中国热带农业科学院育成了热研 21 号等多个柱花草品种。

栽培技术。在畜牧业发达的国家如新西兰、哥伦比亚等国家，水肥管理完善，机械化应用比较广泛，管理技术较为先进。我国南方地区，在果园间作豆科牧草作为绿肥用于压制杂草、提升地力、减少化肥农药的施用，形成了一系列的栽培管理技术与规范。对于落后地区采用单种为主，并且管理粗放。

病虫害防控。热带牧草的病虫害总体上不严重，在 20 世纪柱花草受炭疽病、银合欢受飞虱等的影响较大，但目前已得到较好的控制。另外，牧草的管理比较粗放而且本身抗性较强，因此，病虫害的防控方面研究较少。在发达国家有着一定的防控技术，主要针对大面积的草地开展。

加工利用。热带牧草的加工，多数作为青贮料，特别是王草等产量较高的禾本科牧草，青贮可以保持青料的周年均衡供应。还有部分牧草被加工成颗粒饲料或者其他形式的干料，但由于热带地区湿度较大，干燥难以实现，目前大规模的干料生产基本没有。对于生物量较高的王草也用作食用菌栽培基质、纤维板原料等方面的加工应用。

三、主要问题

世界热区牧草产业发展存在的主要问题：一是多数地区牧草品种单一、老化，品种更新慢。二是受极端天气、热区土壤理化性质、以及病虫害的影响，牧草产量不稳定。三是牧草良种繁育体系建设方面滞后，品种选育技术手段单一，良繁体系不健全，牧草良种率较低。

四、技术需求

在基础研究领域，一是开展热带牧草遗传信息研究，为分子育种提供有效序列支撑和候选基因资源。二是开展热带牧草的抗逆（病害、低磷、重金属）特性和分子机制研究，为通过分子生物学手段改良热带牧草提供理论依据。三是构建热带牧草遗传转化体系，为通过基因工程手段改良热带牧草品质提供技术支撑。

在关键技术和产品研发方面，一是研发热带牧草基因编辑和转基因技术，将控制重要农艺性状的功能基因（如抗逆境、抗病虫以及与产量和品质相关的基因）导入牧草，创制具有优良品质的牧草品种。二是熟化集成牧草间作、套作等高效栽培技术。三是研发小型、动力强的收获机械，为山区草牧业的产业化提供强有力的支撑。

畜　禽

一、产业发展状况

畜牧业是农业的重要组成部分，畜牧业对全球农业总产值的贡献达到40%，并为近13亿人提供生计。按量计算牛奶是全球和大部分区域最重要的畜产品。畜牧业的最大肉品来源是家猪，其次是家禽。肉用鸡和蛋用鸡产量在过去几十年中增幅最大。牛和小反刍动物的粗放和草原放牧生产系统在世界干旱地区和半干旱地区发挥重要的社会经济作用。

2017年全球奶牛数量为27 801万头，奶牛数量在千万头以上的5个国家中除巴基斯坦外，其余国家都是热区国家，分别是印度、巴西、中国和埃塞俄比亚，其中印度奶牛数量最多，达5 090万头，我国1 200万头。2017年牛奶产量为67 562万吨，年产牛奶千万吨以上的国家有18个，其中热区国家5个，巴西和中国的牛奶产量在3 000万吨以上，印度的牛奶产量高达8 363万吨。

2017年全球生猪存栏96 738万头，生猪存栏头数超过千万头的国家16个，包含6个热区国家，分别是中国、巴西、越南、缅甸、墨西哥和菲律宾，其中我国生猪存栏占世界总量的近50%，达43 503万头。2017年全球猪肉产量为11 988万吨，我国猪肉产量为5 451万吨，接近世界总产量的1/2。除我国以外，猪肉产量在100万吨以上的热区国家包括巴西、越南、菲律宾和墨西哥。

2017年全球存栏228亿羽鸡，存栏量排名前20的国家中热区国家占11个，其中中国、印度和巴西的存栏量分别为49亿羽、22亿羽和14亿羽。2017年，全球鸡肉产量为1.09亿吨，鸡肉产量排名前20的国家中热区占13个，其中，巴西和中国的鸡肉产量都在千万吨以上，分别为1 360万吨和1 285万吨。

阿根廷的养牛场景

（王金辉　摄）

二、生产技术现状

世界热区国家畜禽生产技术发展极不平均，且大多数国家的生产技术与发达国家相比存在着很大差距。

亚洲热区国家的畜禽养殖行业的集中度还比较低，中小规模养殖场和散养户比例高，养殖设施投入和环保投入偏低。从品种来看，种猪品种集中度很高，目前美系、加系、法系种猪三分天下。以中国为例，2017 年共进口种猪 10 527 头，其中美系占 47%，法系占 36%，加系 15%；饲养奶牛品种中 75%以上是中国荷斯坦牛（中国黑白花牛）。亚洲热区国家的畜禽养殖技术发展不均衡，畜禽规模养殖管理水平、疫病防控能力都不高。禽流感、口蹄疫、非洲猪瘟等主要疫病仍威胁畜禽养殖，例如，近期受非洲猪瘟影响，中国生猪存栏量同比下降近 4 000 万头，创逾 20 年来的最低水平。

非洲畜牧业主要以肉牛、羊、鸡、骆驼和马的养殖为主。从品种来看，牛、羊品种主要以当地的品种为主，具有耐热、耐粗饲、能适应热带地区生长环境和抗蜱虫病的特点，肉牛品种有欧洲殖民国家带来的如夏洛莱、婆罗门等品种，也有当地的西非短角牛等品种，羊主要以当地的品种为主。畜禽养殖基本上以小农户和牧民以天然放牧为主，缺乏现代养殖技术；没有建立完善的疾病防控体系，畜禽疾病严重制约着畜牧产业的发展，如仅由采采蝇和锥虫病造成肉食产品每年的损失估计约为340亿元，严重抑制非洲畜牧业特别是草畜（牛、羊）产业的发展。

大洋洲热区国家以澳大利亚畜牧业最为发达，澳大利亚通过多年的选育和不断地引进欧美优良品种，目前饲养的牛、羊全部是良种。肉牛品种主要有安格斯、海福特、夏洛莱、肉奶兼用西门塔尔等；奶牛品种主要有荷斯坦牛、杰西牛等；绵羊品种主要是澳洲美利奴、罗姆尼、边区莱斯特、考力代、萨福克、道赛特等。这些优良的家畜品种为澳大利亚生产、出口品质优良、数量众多的羊毛、牛羊肉、奶制品等畜产品提供了最基本的条件。目前，有近3/4的牧场以经营某一产品为主，专业化生产有效提高了劳动生产率。机械化代替了笨重的体力劳动，如牧草的种植和管理、饲料加工、挤奶、剪羊毛、屠宰和加工、运输、冷冻等。

三、主要问题

畜禽品种整体质量不高，优质畜禽品种少。世界热带地区的畜禽品种中，生产性能达到世界领先水平的数量较少（澳洲荷斯坦牛、摩拉水牛、澳洲美利奴羊、白萨福克羊、努比亚山羊、文昌鸡），其余多数世界热区畜禽品种的生产性能较低；养殖方式粗放，畜牧业生产技术不适应规模化、产业化发展的要求，畜牧业总体效益低下，市场竞争力弱；畜产品安全问题越来越凸显；畜禽规模化养殖与环境保护的矛盾问题日益突出，疫病情况复杂，疾病防控体系不完善。

四、技术需求

在基础研究领域，一是开展热区畜禽品种的特色性状相关基因的挖掘与功能鉴定，此研究将为新的优良品种培育提供靶标和选择标记。二是开展流行病学和病原学研究，弄清热区畜禽疫病的流行规律和病原繁殖特性，为防控畜禽疫病和疫病净化提供遵循。

在关键技术和产品研发方面，一是研发热区畜禽特色基因的分子标记、分子育种和转基因等先进技术，通过常规育种与分子育种技术有机结合，打造快速高效的畜禽育种系统，将特色品种的特色基因融入新品种，培育出性能优异、特色鲜明的畜禽新品种。二是研发安全有效的基因工程疫苗和无毒无害的抗生素替代品，提高疫苗的免疫保护效果，并减少畜禽养殖中抗生素的大量使用对环境的潜在为害。

第十一章

食用菌与海洋藻类

食用菌

一、产业发展状况

我国是世界上最早发现和人工栽培食用菌的国家。近 10 年来，我国的食用菌产量、产值发生了巨大变化，截至 2017 年，产值已超过 2 720 亿元，产量超过 3 710 万吨，食用菌产业已成为中国农业种植业中继粮食、蔬菜、果树、油料之后的第五大产业，超过了棉花、茶叶、糖类等。我国食用菌工厂化产能稳居全球首位，占全球食用菌工厂化总产量的 43%，2010—2016 年日产量超 0.7 万吨，这是世界上其他国家所不能比拟的。目前，全国食用菌年产值千万元以上的县 500 多个，亿元以上的县 100 多个，从业人口逾 2 000 万人。已有 12 个省份的产量超过 100 万吨，包括分布在亚热带地区的福建省，产值 408.71 万吨和四川省产值 205.56 万吨，其他在热区的省份包括广东、广西、云南、湖南、贵州产量为 50 万～ 100 万吨。

2014—2018 年世界香菇生产情况

年度	收获面积（公顷）	产量（吨）	产值（万美元）	制品进口（吨）	制品出口（吨）
2014	23 734	8 705 275	1 461 659.011	1 193 451	1 270 304
2015	24 045	9 020 998	1 386 945.588	1 187 196	1 183 871
2016	39 139	9 033 676	1 462 224.055	1 156 804	1 181 179
2017	48 438	8 904 203	—	1 174 461	1 228 803
2018	67 636	8 993 280	—	—	—

“一带一路”沿线各国都有长期食用食用菌的饮食习惯，特别是以素食居多、信奉佛教和伊斯兰教的人们对食用菌更有偏爱。近年来，我国与美国、日本、韩国、俄罗斯、赞比亚、坦桑尼亚等地区开展了食用菌栽培技术合作，组织企业和合作社参与“一带一路”沿线国家食用菌产业开发经营。2015 年我国对“一带一路”国家食用菌出口额为 17 亿美

元，占我国当年出口额的57%，食用菌出口额占农产品出口总额的8%。我国在赞比亚扶持的食用菌企业已经受到了国家领导人的充分肯定。通过“一带一路”的模式，我国完全可以让食用菌产业的优势走出国门，走向欧洲，走向非洲，输出产品和技术。

鹿角灵芝

（中国热带农业科学院热带生物技术研究所　供图）

二、产业技术现状

品种选育。在传统种类不断扩大的基础上，栽培新品种不断涌现，日益多元化。截至目前已达到80余种，形成商品规模生产的超过了50种，规模化栽培的30多种，形成了大宗品种稳步发展、珍稀菇类较快发展、药用菌异军突起的百菌争艳的局面。主要品种有香菇、双孢蘑菇、平菇、金针菇、黑木耳、毛木耳、银耳等常见的“四菇三耳”，及真姬菇、蛹虫草、杏鲍菇、白灵菇、羊肚菌、猴头菇、秀珍菇、榆黄蘑、鸡腿菇、茶树菇等珍稀和药用食用菌。欧美双孢蘑菇产量和品质最佳，日本、韩国主要是木腐菌生产在世界前列，包括香菇、滑菇、灰树花、杏鲍菇、白灵菇、斑玉蕈、离褶伞等。近年来，非洲的纳米比亚、赞比亚、坦桑尼亚、肯尼亚、埃及等都陆续开始食用菌生产，而农业式的栽培多数是平菇，技术引自我国。我国食用菌种质资源丰富，但对野生食用菌种质资源的调查、采集、保藏和开发利用严重不足，部分主栽优良品种长期依赖从国外引进，缺乏具有自主知识产权且能够满足工厂化生产的优良菌种，如在中国大面积地区都栽培的香菇，据研究最早都是从日本引进的香菇品种繁衍下来的，这对我国食用菌行业的健康持续发展形成严重制约。同时，规模化制种技术体系落后，专业化菌种厂少，新品种开发和优良品种保育、提纯复壮等工作落后，对产业提质增效和提档升级形成重大影响。

栽培技术。我国区域经济发展的不平衡及市场需求的不同，使得食用菌大中小不同规模的工业化生产、分散栽培、集约规模栽培、农业专业化生产等多种生产方式并存。栽培方式也在不断创新，从 20 世纪 80 年代开始工厂化，发展到目前的集约化和智能化栽培。

精深加工。食用菌除了制作菜肴外，以食用菌为主料生产的各类食品、保健品、药品、日用品日益受到消费市场青睐，销量逐年增加，由热销的“猴头饼干”可见一斑。另外，产后的菌渣也成为生态农业的重要原料，可有效延长食用菌产业链，促进了食用菌产业系统效益的提高。

病虫害防控。与作物病虫害防治相比，食用菌病虫害和杂菌防治有很大特殊性。多数食用菌生长周期短，化学农药易于积累，影响食用菌风味品质和人的身体健康；食用菌与许多病原菌及杂菌具有同源性，目前还没有筛选出真正有效的选择性杀菌剂可供使用，食用菌病虫害及杂菌防治强调以生态调控和物理防治为主。据初步统计，为害食用菌生长的各种有害微生物有 100 多个种。

三、主要问题

菌种混杂不清且垄断集中。食用菌菌种混乱、品种混杂、质量标准不统一等问题制约着食用菌的产业发展。据了解，我国食用菌工厂化栽培使用的菌种种类较多，但多数原始菌种来源于国外，日本、韩国垄断了木腐菌、欧美垄断了草腐菌，我国具有自主知识产权的品种匮乏。

精深加工水平参差不齐。国外一些发达国家食用菌加工技术相对先进，而我国作为占据世界食用菌生产近 1/2 的主产国，精深加工能力明显不足，加工产品少，研发刚刚起步，产品附加值低。目前，我国食用菌加工品种 500 多种，加工率只有 6%，而国外已达到 75%。而在欠发达地区，基本没有精深加工，只是停留在初加工上。

基础设施设备不配套。目前食用菌产业以家庭作坊、中小微企业、半机械化、半自动化企业形式为主，缺乏轻简化的机械设备。而同时，食用菌产业是劳动密集型产业，日益攀升的劳动成本制约了产业的快速发展。

菌渣利用率低下。利用农业废弃物，食用菌是非常好的首选。如利用 30 亿吨农业副产品的 5% 能生产出 1 000 万吨的干食用菌，折合成蛋白质，即可生产 190 万～ 350 万吨蛋白质。但目前对残留下来的菌渣二次利用的水平和程度不高，造成食用菌规模越大二次污染就越严重。

四、技术需求

集中收集评价主要食药用菌种质资源，发掘特异基因，建立核心种质群，加强野生食用菌驯化选育。重视工厂化专用品种选育。以大宗特色食用菌种类选育为重点，配合珍稀食药用菌品种进行选育和驯化栽培等关键技术研究。

提升食用菌标准化栽培技术和装备水平。加强具有区域特色的高效专用食用菌栽培基质研究，在集成机械化规模化制袋技术、精准化高效栽培技术、病虫害绿色综合防控技术、新型高效栽培设施与栽培管理技术等方面深化研究并形成成果。完善国家标准、行业标准和地方标准体系，建立食用菌产品认证体系。

加强食用菌精深加工技术研发。深入系统地研究食用菌品种的功能活性，研制精准化栽培加工技术，开发高附加值的系列食用菌精深加工产品，改变全国食用菌高产量低产值的现状。利用食药用菌开发相关的功能食品、保健食品及药品。

海洋藻类

一、产业发展状况

世界上主要养殖海藻的国家有中国、印度尼西亚、菲律宾、韩国、朝鲜、日本、马来西亚等。中国是世界最大海藻养殖国家，海藻年产量占世界产量的 1/2 以上。我国热区省份福建、广东、海南大型海藻的产量约占全国的 48%。其中，福建养殖面积 41 614 公顷，产量 89.4 万吨，广东养殖面积 2 952 公顷，产量 7.5 万吨，海南养殖面积 812 公顷，产量 2.9 万吨。我国最主要的海藻养殖品种为海带，此外依次是江蓠、裙带菜、紫菜、羊栖菜、麒麟菜、浒苔和石花菜。根据《2016 年中国渔业统计年鉴》，2015 年我国海带养殖产量占海藻养殖产量的比重达 67.55%，江蓠、裙带菜和紫菜分别占 12.93%、9.21% 和 5.55%。海带养殖以福建和山东为主，紫菜养殖以福建为主，江蓠养殖以福建为主，麒麟菜养殖以海南为主。微藻方面，我国年产值约 5 万吨，约占世界微藻产量的 60%。其中以钝顶螺旋藻和极大螺旋藻生产为主，产量约为 4 万吨，其次为小球藻产量约 0.5 万吨和雨生红球藻产量约 0.4 万吨。

海洋藻类

（中国热带农业科学院热带生物研究所 供图）

二、生产技术现状

品种繁育。家系育种和杂交育种是海洋藻类品种选育的重要手段。以海带为例，海青 1 号（宽叶）、海青 2 号（长叶）、海青 3 号（厚叶）、海青 4 号（薄叶）和若干自交系都是以海带自然种群作为原始材料，通过连续几年自交和单株定向选择培育出的高产、优质、抗高温海带新品种；高碘高产海带新品种 860 也是通过家系选择培育出的。单海 1 号是利用单一纯系雌配子体与一棵杂种海带的雄配子体杂交，再经过 5 代单棵自交选择培育成功的；海带新品种 901 则是利用早厚成与长海带混交选育的。在种苗繁育方面，由于大型海藻细胞全能性较强，一般利用细胞和组织培养或营养枝繁殖等方式进行个体扩增，培育种质种苗。例如，细基江离繁枝变种、龙须菜和羊栖菜等都可以通过切段培养提供苗源。

加工利用。目前，我国已形成相当规模的海藻加工产业，涉及食品、饲料、医药、化工等多个领域。在 20 世纪 60 年代，我国开始利用海带为原料生产碘、甘露醇、褐藻胶产品。经过 50 年的发展，我国海藻化工产能增长巨大，年产褐藻胶 2 万多吨，占世界的 2/3；年产卡拉胶 0.75 万多吨，占世界的 1/9。从海带中提碘是我国主要的制碘方式，年生产总量 180 吨；从海带中提取甘露醇，年生产 4 000 吨。在海藻食品加工方面，我国已形成涵盖初加工、精加工和深加工系列层次的海藻食品工业。在海藻药物制备方面，我国已将海藻多糖类物质研制成海洋新药，如治疗肾衰病的肾海康胶囊，抗艾滋病毒新药 911，用于肾移植的免疫抑制剂和细胞应答的修饰剂的角叉藻聚糖，治疗心脑血管疾病的藻酸双酯钠（PSS），以及褐藻淀粉酯钠、藻酸丙二酯、藻酸酯钠等药品；制成防治碘缺乏病的海藻碘片、海藻含碘制剂、海藻碘精等海藻碘制剂；研制降压药物用海藻血海灵。

三、主要问题

食用菌产业发展存在的主要问题。一是“海域使用权”问题导致养殖面积减小、养殖成本增加。海藻生产依托于近海养殖，但随着海洋经济的发展，海藻养殖面临的“海域使用权”问题凸显，适宜海藻养殖的海域面积逐渐减少，已有“海域使用权”的租赁费用逐年增加，海藻养殖成本水涨船高，影响了海藻产业的发展。二是海域养殖环境污染导致海藻育苗质量和产品质量下降。全球近海沿岸总体海洋环境下降，沿海地区内河河道污水直接排入海里，导致近海海域环境污染趋于严重，导致海藻产品的品质和产量均难以保证。三是海藻产品结构相对单一，生产成本高。整体上看，海藻产品主要为初级产品较多，高附加值、深加工产品较少。多数海洋藻类需要通过人工收获，而微藻由于个体太小，收获成本更高，收获难度更大。

四、技术需求

对热区现有主要养殖的大型藻类江蓠和麒麟菜进行品质遗传改良，通过生物技术手段获得高产、抗病优质品种，并通过无性繁殖的方式进行苗种的快繁。针对角毛藻、海链藻、金藻等冷水系品种，通过物理、化学或者基因改良的方法，逐步获得抗高温品系，实现上述生产品种的本土化。提升海水饵料微藻规模化养殖技术。针对苗种企业对饵料微藻的需求，探索建立规模化的海水饵料藻养殖基地，利用先进的管道反应器技术，降低微藻养殖的污染问题，并通过建立养殖水回收体系，循环利用海水，争取做到零排放。

第十二章

绿色生态农业

绿色生态农业是指将农业生产和环境保护协调起来，在促进农业发展、增加农户收入的同时保护环境、保证农产品的绿色无污染的农业发展类型。发展绿色生态农业，首先，需要治理农业生产复合性污染，改善产地生产条件和生态环境，保障农业生态安全。其次，需要保障农业资源和环境资源可持续开发利用，实现环境资源安全。最后，需要高效与高品质并重，保证国民健康安全、保障国家食品安全。然而，世界热带农业国家大多数属于发展中国家或欠发达国家，首要问题是解决温饱，发展产量型农业，对发展质量重视不够。长期以来的集约化经营，虽然维持了高水平的作物产量，但是化肥农药等资源不合理施用，致使热带农业生态环境问题尤为突出，绿色生态农业发展面临重大挑战。面对挑战，应更加注重合理利用资源、保护生态环境，确保绿色生态产地环境与绿色生态生产技术，推动农业绿色循环发展。因此，发展绿色生态农业是热带农业国家发展的必然趋势。

一、热带农业产地环境污染防控与可持续利用

热带地区多种农药高频多次使用、农膜使用、废水废渣排入、污泥还田、采矿等工农业生产行为，导致了长残留有机污染物、重金属、新型污染物在农业环境中不断累积，影响热区农产品安全及出口贸易、土壤质量及可持续利用。在澳大利亚、法国、智利、夏威夷等热带国家和地区，由于集约化农业生产中大量使用农药，导致在水体中经常检出阿特拉津、甲草胺、敌草隆、2,4-D、除草定等极性农药，并且部分样点已超出了世界卫生组织的限量值。土壤重金属污染问题也已严重威胁部分热带国家居民的食品安全及当地的贸易出口。非洲木薯主产区赞比亚土壤污染导致当地主食木薯中重金属超标；南美洲厄瓜多尔、哥伦比亚相继报道可可豆中镉含量超标，而欧盟于 2019 年起实施对进口可可产品镉浓度限制的规定，使重金属污染控制成为当地迫切需要解决的问题。新型持久性有机污染微塑料是一类重要的持久性有机污染物的载体，易富集有机污染物，且具有易迁移的特点，正逐步成为热区产地环境重点关注热点问题。

目前，欧美等发达国家在农田土壤污染监测与控制研究上处于领先地位；我国建立了较为完整的土壤重金属污染防控标准、法规及技术体系，但关于有机污染控制缺少系统研究；热带地区其他发展中国家开展相关工作较少。热区农业产地环境污染物监测预警技术、热带作物重金属低积累品种与土地安全利用技术、多功能土壤调理剂与农药残留控制

技术等是今后热带地区农业产地环境污染防控与土壤可持续利用研究的主要突破方向。

二、生态循环农业

生态循环农业是“促进人与自然协调和谐发展”的农业经济发展新模式，是我国未来转变农业增长方式的根本所在和重要方向。长期以来，热区农民将作物生产与畜禽养殖结合，积极发展“林下养鸡”和“林下种植食用菌和经济植物”等林下复合种养新模式，奠定了种养结合协同发展的良好基础，形成了良好的发展势头。“废弃物＋清洁能源＋有机肥”三位一体的技术路线的确立，“厌氧发酵—鲜粪外销—水肥还田”和“厌氧发酵—好氧堆肥—水肥还田”等技术模式的推广，“猪—沼—果”“猪—沼—热作”和“猪—沼—菜”等生态农业循环模式的形成，初步构建了热带地区生态循环农业模式。我国热区结合自身情况，集成种养结合、农田废弃物综合利用、清洁生产等关键技术，已形成了广西甘蔗废弃物循环利用、贵州食用菌循环农业、福建稻—萍—渔、广东集约化农田循环高效生产、云南山地香蕉循环农业、海南“猪—沼—果—菜”循环农业等具地方特色的典型模式。

作物秸秆和畜禽粪便是种养业两大废弃物，其资源化利用是种养循环农业模式的基础。由于各国发展水平差异大，作物秸秆和畜禽粪便资源化利用产业发展情况也不尽相同。相比发达国家，热带地区大部分为欠发达国家，作物秸秆基本上采用田间焚烧、还田及饲喂畜禽后过腹还田等方式就地利用，但粪便一般采取简单堆沤制作农家肥或直接进行土地消纳，资源化利用技术相对落后，资源转化率低，处于传统农业利用形态，尚未达到普遍规模化利用程度，产业化不足。巴西作为世界上最大的燃料乙醇生产国，其利用玉米秸秆、甘蔗渣等生产的乙醇占总产量的 2/3。澳大利亚和新西兰养牛业发达，地广人稀，主要通过抛撒牛粪于牧草地进行土地消纳。印度、菲律宾、马来西亚等为代表的东南亚、南亚国家，利用蚯蚓处理牛粪秸秆发展较为迅速，但个体规模较小。

相比其他热带国家，我国热带地区种养业发展快、规模大，作物秸秆和畜禽粪便量大面广，环境污染严重，资源化利用十分紧迫。在各级政府的大力重视支持下，畜禽粪便资源化处理设施不断完善，形成了猪场粪污厌氧发酵产沼气、固态粪便堆肥生产商品有机肥及利用蚯蚓、黑水虻等生物处理技术模式；作物秸秆则形成了以就地还田及加工饲料、作为生产食用菌、工业品、基质、生物质燃料等原料的材料化利用为代表的技术模式。基于秸秆及粪便的资源化利用发展生态循环农业，进而促进两类废弃物的污染防治，走产业化发展道路，已成为我国热带绿色生态农业的一大特色。

近年来，中国热带农业科学院与热区地方农业院校联合攻关，在秸秆与粪便饲料化、肥料化、基质化及材料化方面取得了一系列研究进展，形成了热区秸秆与粪便循环利用技术体系，为秸秆及粪便的资源化利用产业提供了有力的科技支撑。

绿色生态农业——石山种养一体化示范基地
（中国热带农业科学院热带作物品种资源研究所　供图）

三、病虫草害防控技术

病虫草害为害是热区农业发展的重要限制因素，加强热作病虫害防治是发展热区绿色生态农业、保障热作农产品质量安全的根本途径。热区高温、高湿的气候特点导致病虫害易发、高发，白粉病、蓟马、粉虱、介壳虫等病虫害在热区时常暴发成灾。热区国家多为发展中国家，对病虫草害防控研究投入不够，技术缺乏，相关研究处于空白阶段。相比而言，我国已在热作病虫害检测监测预警、成灾机理、外来有害生物入侵机制和综合防治方面取得了重大进展，为热带农业持续发展提供基础理论和技术支撑。目前，化学防治技术重点在高效低毒农药、精准施药技术、高效施药器械等方面开展研究。利用天敌及生防微生物资源的生物防治，利用灯光、诱剂和色板等理化诱杀，以抗性品种培育与应用等农业防控技术也发挥着越来越大的作用。病虫草害的生态调控技术、综合集成技术以及我国提出的绿色防控技术也在不断研究与应用，并逐步从针对单一病虫草害向针对以作物为单元的多病虫草害发展。

近年来，中国热带农业科学院等单位在热带农业病虫害防治方面开展了大量研究工作，建立了橡胶树、香蕉、木薯和芒果等重要病虫害检测鉴定技术；开展了天然橡胶、热带果树、木薯、剑麻、咖啡等主要热作病虫草害调查和监测，建立了热作病虫害监测网络和预警体系；创新了一批热带农业有害生物控制技术，其中研发出以生物防治为主、化学防治为辅的椰心叶甲、螺旋粉虱、橡胶介壳虫、叶螨、瓜实蝇、及香蕉枯萎病等重要热带作物病虫的绿色防控技术并已推广应用。椰心叶甲绿色防控技术更是被成功引入马尔代夫，成效显著。

四、绿色生态农业发展存在的主要问题

一是产地环境污染评价与标准体系不健全。表现为农业环境污染预防与监管体系未建立、污染物限量值及标准体系不健全、污染现状掌握不全面、农业环境可持续利用技术体系未建立、重点污染物的控制技术缺乏。二是秸秆与粪便资源化技术应用存在关键制约因子。表现为秸秆就地还田无害化处理不达标、还田腐解过程中的养分管理未重视、预处理设备开发落后、畜禽粪便中重金属和抗生素带来的风险无有效防控、土地作物系统对粪污的承载消纳能力不清、高值产品开发不足、缺少企业等专业组织带动和物料收贮运输难、成本高等方面。三是种养结合不紧密，对区域种养平衡状况和时空分布认识不清。经营模式单一，缺少创新；管理水平较低，缺乏科学合理的管理经营技术。四是高效的生态循环农业模式结构、功能与调控技术还比较缺乏。一方面在生产过程中多使用老旧的传统管理方法和生产模式，很少将物质和能量流动贯穿于产业链，导致资源浪费和效益低下。另一方面零星散养，管理粗放，形成不了规模，效益不明显。五是入侵生物及次要病虫害发生演变的早期预警能力不足，绿色植保关键技术研发与应用程度还有待突破。随着全球经济一体化，外来有害生物入侵等植保问题日益突出。热区有害生物的监测与绿色防治技术滞后于生产需求。绿色植保技术在热区还未实现大范围落地。

五、绿色生态农业技术需求

环境复合污染防治。开展重金属、有机污染物及其复合污染物在热带土壤环境中的污染特征、源汇机制及演变趋势，污染物的多介质微界面行为及其分子机制，共存污染物的交互作用机制与生物有效性，土壤—植物系统中污染物的迁移转化与阻控原理研究，提出复合污染土壤的植物—微生物联合修复及化学强化等新技术原理。研发新型污染物原位检测技术、热带土壤—作物体系有毒有害化学投入品替代产品及病虫害生物、物理、化学综合调控等绿色防治技术的集成应用。

秸秆及粪便资源化技术研究。研制秸秆及粪便就地快速无害化预处实用装备，解决收

储难、无害化程度低的问题；开展土地消纳过程中养分、污染物释放规律研究，研发养分动态管理及污染物风险防控技术，实现资源高效安全利用；研发绿色高值产品深加工技术，提高秸秆及粪便资源的经济价值。

生态循环农业模式结构、功能与调控技术研究。开展生态循环农业模式结构、功能与调控技术研究，优化生态循环农业系统，构建新型的生态循环农业模式和完整价值链，重点解决制约农业绿色发展的关键问题。

生态循环农业模式绿色发展的系统评估。根据模式特点，构建评价体系；针对生态循环农业模式的环境效应和高效生产能力进行全面综合评价，提出热带亚热带农田生态系统绿色高效发展的优化方案，为该区域农业转型升级提供参考依据。

重要病虫草害的成灾规律及机制。研发热区重要病虫害的简便高效监测预警技术与产品、安全高效防控药剂及使用技术、抗病虫品种及应用技术、天敌与生防微生物资源的创新利用技术及天敌产品、理化诱控技术及产品和生态调控技术，集成针对单一靶标对象以及针对作物单元多病虫草害的综合防控、绿色防控技术。

第十三章

农产品加工与装备

热带地区气候湿润，光热资源、农业资源十分丰富，农业是各国的重要经济支柱。种植对象主要包括粮食作物（水稻、玉米、薯类、面包果、椰枣等），热带水果（香蕉、芒果、龙眼、荔枝、菠萝等小宗热带特色果品）、热带棕榈作物（椰子、槟榔、油棕等）和热带香料作物（胡椒、咖啡、香草兰、可可等）及橡胶树、甘蔗等热带特色农作物。由于热带地区地形复杂且热带农产品分布范围较广，交通、信息相对闭塞，大多数国家处于发展中或欠发达水平，科技投入与支撑不足，导致热带农产品加工业总体上相对落后，农业机械化水平较低。因此，需根据热区农产品加工产业特点与需求，系统开展农产品产地加工、精深加工、机械装备等方面的合作研究，规划构建农产品加工产业体系，不断提高热带农产品附加值，提升加工技术水平及效率，优化农业产业结构，推进现代农业发展，促进热区国家由“农业大国”向“农业强国”转变。

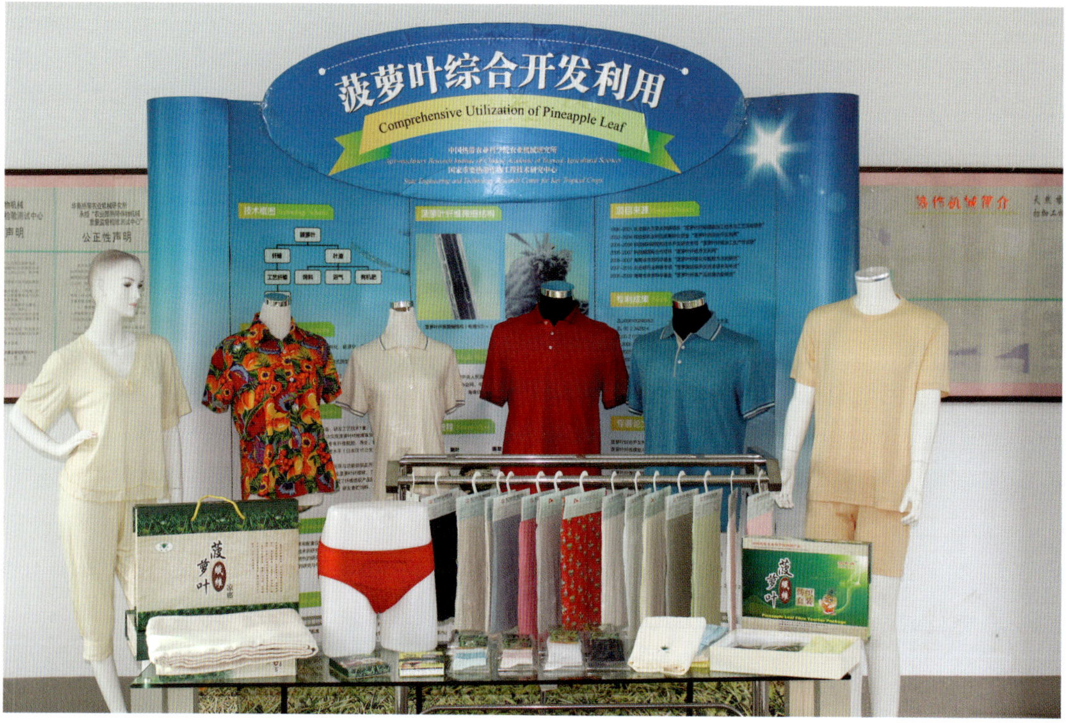

菠萝叶综合开发利用

（中国热带农业科学院南亚热带作物研究所　供图）

一、热带农产品产地加工

受技术和装备水平制约，热带农产品产地初加工落后，热区各国农产品大部分以鲜销、出口为主。据不完全统计，在非洲 80% 以上的农产品加工处于空白，东南亚和中美洲、南美洲各国的加工也往往以初级加工为主，资源利用率低，产出效益低，不利于当地农业经济的发展。热带果蔬不耐贮藏，而热区各国的果蔬商品化处理和初加工环节能力不足，设施简陋，工艺落后，产后损失大，质量安全隐患突出。热带水果产后损失率达到 40% 以上，而发达国家仅为 1% ～ 5%，我国为 10% ～ 20%。

二、热带农产品精深加工

热区各国大部分农产品加工以干制品为主，产品粗加工多、精加工少，初级产品多、深加工产品少，中低档产品多、高档产品及高附加值产品少。以热带水果为例，其加工品大都以简单加工为主，产品类型单一，缺乏市场竞争力，许多热带水果的加工仍然只是罐头、果脯、干果等品种，深加工产品所占比例很小。加工业发展缓慢，尤其是深加工技术的落后，很大程度上限制了热带水果产业的发展。据不完全调查显示，热带水果的年加工用果量占总产量的不足 10%，而发达国家该比例达到 60% ～ 70%，明显存在着很大差距。根据加工产品形式，主要分为干制、果汁类、罐头、果酒类、休闲类、油类、香辛饮料类等产品。

干制产品。干制是热带农产品主流加工方式，根据加工规模，可分为工业级和作坊式加工两类，目前在热带欠发达地区的干制加工，主要以作坊式加工为主，形成规模的工业化厂区较少。根据干制类别，又可分为原料干制品、果干（包括果干、果脯、果脆）等。原料干制品一般是将原料经过前处理后直接干燥获得，干燥方式一般为晒干、烘干、炒干等，常用于茴香、胡椒、咖啡等的加工中；果干目前在热带水果加工中占有量较高，其中荔枝、龙眼干制加工历史悠久，不到 30% 的加工量中有 90% 以上用于荔枝、龙眼干的加工，市面上的香蕉主流加工产品为油炸香蕉片，菠萝蜜、芒果、菠萝等热带水果加工成的果脯在各大超市和市场流通销售。随着生活品质的提高，冻干技术也被应用于热带水果的干制加工中，用于生产榴莲、菠萝、火龙果、芒果等冻干果脆，目前在中国、泰国、菲律宾等热区国家中生产销售。

果汁类产品。世界果汁饮料产量和消费量不断增加，果汁饮料产品更新速度不断加快、浓缩果汁日益成为国际贸易的主要产品。据预测，全球果汁饮料的消费量在未来 5 年里每年将达 10%以上的增幅。在欧美等国销售最大，我国年人均果汁消费量不到 1 千克，是世界平均水平的 1/10，是发达国家平均水平的 1/40，其增长空间巨大。

罐头产品。水果类罐头是热带水果的加工主要品类，常用于出口到欧美等发达地区，但是当前水果罐头的市场逐渐萎缩，且产品品质和质量安全问题不断显现。

果酒类产品。果酒是世界酒类行业中产值、进出口贸易、附加值最大的产业，目前我国的果酒产量约 30 万吨，葡萄酒约占 65%、苹果酒占 25%、其他果酒占 10%（约有 30 个品种，其中热带水果酒约占 50%），在未来 10 年里，果酒产量将增长到 80 万吨，以年需求量约 15% 的增长幅度递增。

休闲类产品。热带水果休闲类产品主要包括水果糖、果冻、果粉等热带水果加工产品。水果休闲食品是热带水果产业发展的一个新的增长点，但大部分热带国家还比较薄弱。

油类产品。属于热带的大棕油类产品当属棕榈油，但限于我国油棕的种植规模，我国消费的棕榈油产品几乎完全依赖于进口，其他油类产品如椰子油只有小规模的加工。

香辛饮料类。由于受技术水平的限制，热带香辛饮料类多以粗放初加工为主，除了原料直接干制外，胡椒等香辛料多加工成粉料便于贮藏和运输，香草兰等香料因需要先进的加工工艺，且产量不高，产品多用于高档香料。此外，热带农产品加工企业较少、规模不足且技术人员匮乏，热区各国的农产品加工企业整体较少，大部分以作坊式加工为主，且农技推广人员数量少，学历不高，无法满足农业生产过程中农户、工厂等对技术的需求。

三、热带农机装备

世界热区大部分国家的农业种养以及加工过程的农业机械化程度很低，大部分处于完全靠人工种养，加工的自动化水平低下，生产效率低。在非洲，70% 的香蕉加工依赖手工操作，19% 实行半自动化，只有 1% 是自动化操作；木薯加工基本全是手工操作。目前，我国的热带农业机械工业水平和科技发展水平较低，使我国农产品加工业的装备水平和技术水平与国际先进水平之间存在着较大差距。我国大部分农产品加工企业设备简陋，加工工艺落后且缺乏高技术人才。我国热带农产品加工企业中，约 80% 的设备处于 20 世纪 80 年代的世界平均水平，15% 的设备处于 20 世纪 90 年代的世界平均水平，只有约 5% 的设备可以达到现在的世界水平。此外，热带农产品加工机械的自动化水平较低，大部分前处理需要大量的人工去完成，且安全卫生水平保障能力不足。

第十四章

农产品质量安全

热带农业生产作物种类繁多，产地环境高温高湿，病虫害为害较大，热带农产品质量安全的管理和技术创新都有较大的难度。世界热带农业国家大多数处于发展中国家或欠发达国家，多数国家首先解决热带农业的温饱即数量问题，而不是质量问题，多数热带农业国家在农业质量安全上研究较少。热带农产品质量安全总体状况良好，但质量安全隐患不小，如多数农药施用没有进行安全性风险评估，高毒、高残留情况时有发生。农产品质量安全作为新的交叉学科，其科研积累和产业需求还存在较大的矛盾。因此，热带农产品质量安全必须紧紧依靠科技，持续提高科技进步贡献率，促进热带农产品质量安全水平和效益同步提升。

热带农产品质量安全检测

（中国热带农业科学院分析测试中心　供图）

一、热带农产品质量安全标准

国际标准化组织（ISO）、国际食品法典委员会（CAC）、欧盟、美国、日本等世界组织与国家是农产品质量安全标准的主要制定者。ISO 是世界上最大、最权威的标准化机构，负责农产品标准的技术委员会是 TC34。从 20 世纪 70 年代起，ISO 就着手制定果蔬分析取样、果蔬贮藏要求等方面的标准。至今 ISO/TC34 已发布果蔬产品加工标准 100 多项，其中涉及的热带农产品主要有香蕉、菠萝、油梨、腰果、芒果等。国际食品法典农药残留委员会（CCPR）是 CAC 下属的 10 个综合主题委员会之一，也是 CAC 重点关注的委员会。CCPR 制定的农药残留限量法典标准经 CAC 审议通过后，成为被世界贸易组织（WTO）认可的涉及农药残留问题的国际农产品及食品贸易的仲裁依据，几乎涉及所有热带农产品。自 2006 年起，我国作为 CCPR 主席国，已连续举办第三十九届至第五十一届的年会。以 CCPR 年会为突破点，我国深度参与了国际规则制定，提升了国内标准制定水平，扩大了我国国际影响力。欧盟、美国、日本等国家均制定了详尽的农产品质量安全标准，其中包括了常见的热带农产品。但大部分热带国家受经济实力等因素的限制，热带农产品质量安全标准仍然存在标准缺失老化滞后、标准使用率低、标准的科学性和适用性不足等问题，多数热带国家直接使用 ISO 或 CAC 的农业标准，难以满足热带特色农业产业发展和经济提质增效升级的需求。

我国建立了以国家标准和行业标准为基础，地方标准和企业标准相衔接配套，贯穿产前、产中、产后全过程的主要热带农产品质量安全标准体系，覆盖了 40 多种热带作物（产品）。香蕉、芒果、荔枝等主要热带农产品的生产、加工、流通和质量监管等方面基本实现了有标可依。“十二五”以来，重点在病虫害防治、产品质量、安全限量及测试方法等领域开展标准制修订工作。通过开展“香蕉产业升级计划”“天然橡胶和热带水果行动计划”“良种良苗繁育基地”“南亚热作名优基地建设”等工作，促进了标准与产业的有机结合，加快了热带农业产业标准化实施进程，经济、社会和生态效益显著。近年来，我国积极承担热带农产品相关的国际标准化组织国内技术对口工作和 WTO-TBT/SPS 通报评议工作。通过开展 ISO 国内技术对口工作及参与国际标准的制修订工作，进一步提升了我国热带农业体系标准化技术水平。“十二五”以来，完成国际标准复审 35 项、ISO 标准文件表态 45 项，实现国际标准表态和系统复审 100% 的投票率。

二、热带农产品检测技术

热带农产品中有毒有害因子残留包括农药、化肥、动植物激素、添加剂、生产环境污染物等。目前国际通用的常规检测技术以色谱技术为基础，主要包括色谱法、色谱—质谱联用法等。色谱法在农产品质量安全检测中具有较好的分辨效力、较高的分析效率和灵敏度，操作简便，应用广泛。其中以质谱技术为基础的高灵敏度多残留确证检测技术和重金属快速测定技术已逐步成为技术主流。随着质谱技术的发展，近年来使得同时检测复杂农产品样品中的多种痕量物质成为可能。美国、日本和欧盟等发达国家在色谱仪器研发、样品前处理技术和相关材料试剂研发方面处于领先地位。随着越来越多国家和政府的关注，色谱检测技术在热带农产品质量安全方面得到了越来越多的应用和研究。近年来，农药残留高通量、低成本、现场快速筛查检测技术发展较快。目前国内外发展较好的快速筛查检测技术主要有化学发光检测法、酶抑制技术、免疫分析技术以及传感器技术等。在有机磷农残快速检测方面，以往利用薄层色谱酶抑制法测定，检测限量为毫克级；随着抗体技术的发展，特别是单克隆抗体技术的发展，检测的灵敏度得到很大提高，农残免疫检测技术和酶联免疫技术作为快速筛查检测方法取得较快发展。随着研究的深入，无须前处理的水果和蔬菜等农产品中农药残留的无损检测技术研究同样发展迅速。这方面的研究包括了拉曼光谱法、近红外光谱法、高光谱图像技术、荧光光谱法等。例如，显微拉曼光谱仪可在 1 ～ 2 微米测到纳克量级的物质；高光谱图像检测技术在选定某些特征波长后可以实现水果表面农药残留的在线快速检测。

近年来，中国热带农业科学院分析测试中心等单位在检测技术方面开展了许多研究工作，研发出一批先进实用的检测技术，其中在样品前处理技术、分子识别理论和检测方法研究方面进展较显著。如分子印迹磁性纳米微球固相萃取小柱的开发，改进传统色谱技术的检测新方法，以及新型电化学传感和微流控芯片等。有效提高了样品分析结果的准确度和精密度。总体而言，色谱检测技术依然是热带农产品检测的重要手段，是检测标准制定的基础；开展高通量、在线实时筛查监控以及便携式的现场检测小型化仪器将会是热带农产品质量安全检测技术的研究方向。

三、热带农产品风险评估

风险评估是保障农产品质量安全的核心，可以为制定风险管理措施提供科学依据。联合国粮农组织和世界卫生组织下的食品添加剂联合专家委员会（JECFA）和世界卫生组织下的农药残留联合专家会议（JMPR）是开展农产品中风险评估的主要国际组织。各国政府和国际食品法典委员会在风险管理中均以这两个委员会的建议为基础采取食品安全控制措施。JECFA 和 JMPR 开展评估时以科学的原则为基础，并确保在做出风险评估决定时保持必要的一致性。目前，热带农产品开展风险评估仍以欧美等发达国家为主，热带地区国家开展相关工作较少。我国近年来组建了农业农村部农产品质量安全风险评估系列实验室，开展了农产品风险评估相关工作。其中，中国热带农业科学院分析测试中心筹建的“农业部热作产品质量安全风险评估实验室”在芒果、荔枝、香蕉、杨桃等特色热带农产品中开展了相关工作。

四、存在的问题

一是热带农产品质量安全标准体系需进一步完善。近十几年来，虽然热带农产品质量安全工作进展很快，并制定了相关的产品质量与限量标准，但还存在数量少、质量水平低，结构不合理等问题，难以满足生产发展和产品流通的需要。热带农产品质量安全标准的经费投入严重不足，机构设置、人员配备亟待加强。对热带农产品质量安全标准的重要意义和作用认识不足，对热带农产品质量安全宣贯力度不够，试点示范基地数量少。

二是热带农产品质量安全检测技术需进一步创新。农产品质量安全检测技术是开展农产品质量安全工作的基础，但是当前热带农产品质量安全检测以传统的色谱技术为基础，部分热带地区的检测技术研究仍处于起步阶段，部分有害物质在尚未制定标准检测方法。同时，传统的检测技术存在前处理烦琐、大型仪器设备费用较高等问题，迫切需要农药残留等污染物的快速检测技术，在现场快速筛查和实时检测等方面缺乏创新。

三是热带农产品质量安全风险需进一步评估。热带地区气候高温高湿，各种病虫害频繁发生，导致化学农药较大量使用；土壤多为酸性，各种重金属离子（铅、镉、铬、砷、汞等）活性较高。各种化学农药和重金属通过作物生长进入农产品中，对农产品质量安全带来潜在风险。但是目前的农产品质量安全风险评估主要集中于大宗作物中的单一农药，对于热带农产品的质量安全风险评估工作开展较少，同时，对于多种风险因子的联合评估研究也尚未开展。

五、技术需求

一是建设热带农产品质量安全标准。系统建设热带农产品质量安全相关的生产、检测、限量等标准，重点突出木薯、香蕉、荔枝、芒果等重点热带农业和产品，并兼顾其他优势特色作物。积极与 ISO、CAC 等国际组织、欧美等发达国家建立热带农产品质量安全标准的更新、追踪及评议，保障热带农产品的国际竞争力。满足“一带一路”“中国—东盟自贸区”等实施后对我国热带农业发展的要求，在扩大对外开放中努力保护我国热带农业产业安全，努力提高我国热带农业标准的国际话语权。

二是研发热带农产品质量安全检测技术。加快制定热带农产品中有害物质限量标准以及国际通用检测技术标准；深入开展包括农药、兽药残留检测技术研究，持久性污染物检测技术研究，重金属检测技术研究，热带农产品质量安全溯源、真实性识别和功能成分评价技术研究。

三是探索热带农产品质量安全风险评估技术。开展热带农产品质量安全风险评估技术的探索研究，重点解决评估模型的局限性、数据质量差影响标准质量和认知不足影响标准的不确定性等问题。通过对热带农产品质量安全中风险隐患不明、为害来源不清、污染规律不详、监控技术匮乏、风险评估欠缺、标准依据不足等进行关键控制技术攻关，为有效的热带地区国家农产品的质量安全水平提供技术支撑。

第十五章

热带渔业

目前我国水产养殖年产量达到5 000万吨以上，约占全国水产品总量的3/4，约占全世界水产养殖产量的3/5，是世界水产养殖第一大国。相对“一带一路”热带国家，我国具有水产养殖技术和市场的双重优势。发挥我国水产养殖技术先进和产业链完整等优势，促进我国水产养殖业和周边国家地区的交流合作，共同推动区域传统渔业向现代渔业转型升级，实施渔业率先“走出去”战略，已成为渔业新常态下的必然选择。

通过与“一带一路”热区国家合作，可以进行人才培养、技术转化等方式，将我国先进渔业技术传播给其他热带国家，解决热带国家面临的品种种质退化、优质苗种短缺、配合饲料开发力度不够、养殖模式陈旧、受气候变化威胁、技术示范与推广力度不够等制约水产养殖业可持续发展的产业问题，帮助热带国家解决粮食安全、缓解贫困、提供营养和增加收入；同时也可充分开发与利用热带国家的水产资源，将增进合作双方的互信基础，从而顺利搭建我国与“一带一路”热带国家的资源共享平台。

亚　洲

一、热带渔业产业发展呈现稳步增长

亚洲的热带渔业主要集中在东南亚国家，东南亚地区河湖纵横，多内海、海峡和港湾，渔业资源比较丰富，种类繁多。该区域渔业呈现较快增长趋势。近年来，随着全球渔业经济的发展和渔业科技的进步，世界渔业产量呈现逐年稳步增长的趋势。东南亚渔业产量从2005年的2 299万吨增长到2017年的4 222万吨，以年均6.99%的速率增长，超过世界渔业产量2.89%增长速率。渔业产值同样也呈现稳定增长趋势，2007—2014年产值年均增长8.44%。2017年产量最高的是印度尼西亚，占整个东南亚国家渔业产量的48.8%，其次是越南（15.00%）和缅甸（11.90%），然后依次是菲律宾（11.10%）、泰国（6.30%）、马来西亚（4.70%）和柬埔寨（1.80%）。2017年渔业产值，印度尼西亚最高，占整个东南亚国家渔业产值的42%，其后依次为缅甸（19.60%）、马来西亚（14.00%）、菲律宾（12.00%）和泰国（10.50%）。东南亚国家作为全球主要的水产品供应国，2005—2017 年，渔业产量和产值均呈现稳步增长的态势。

亚洲文莱海水养殖

（中国水产科学研究院东海水产研究所 供图）

二、热带渔业养殖品种多样，产业发展迅速

随着海洋捕捞资源退化，为保持水产品生产和供应，2010—2017 年东南亚地区水产养殖产量每年以 13.00% 的速率稳步增长，其中以印度尼西亚增长最为显著，其次为缅甸、越南、老挝和菲律宾等国。展现出与捕捞业并重的发展态势。印度尼西亚作为东南亚最大的水产养殖国，2017 年麒麟海藻的产量和产值约占东南亚水产养殖产量和产值的 62.90% 和 54.60%；其次为江蓠养殖，产量占本国养殖总产量 8.00%、罗非鱼占 7.00%、胡子鲶占 5.00% 和虱目鱼占 4.00%。越南作为东南亚第二大水产养殖国，海洋硬骨鱼类养殖占其国内水产养殖总量的 67.00%，虾类养殖占 16.00%。菲律宾作为东南亚第三大水产养殖国家，长心卡帕藻养殖占其国内水产养殖总量的 61.00%，其次分别为虱目鱼（17.00%）、罗非鱼（7.00%）和麒麟菜（5.00%）。缅甸水产养殖的主要种类是南亚野鲮（61.00%）、鲃鱼（7.00%）、罗非鱼（5.00%）、斑节对虾（4.00%）和印度鲮（4.00%）。泰国水产养殖主要的种类为南美白对虾（29.00%）、罗非鱼（21.00%）、翡翠

贻贝（13.00%）和杂家鲶（13.00%）。

三、热带渔业科技力量薄弱

大部分亚洲热区国家仍处于渔业发展的初级阶段，发展不平衡。泰国渔业较为发达，全国有 59 个淡水渔业研究所 / 中心 / 站、26 个浅海渔业研究所和 6 个水生动物遗传研究与发展研究所，16 所大学可授予养殖博士学位。印度尼西亚有 12 个海水养殖、淡水和咸淡渔业发展中心，5 个渔业系，2 个渔业学院，3 个渔业研究院。菲律宾、马来西亚、越南等国家设有政府部门下属的若干研究所，涉渔大学相对较少。亚洲热区国家渔业科技创新发展不平衡。新加坡和泰国渔业科技水平较高，科技力量相对较强；印度尼西亚、马来西亚和越南等国家虽然国内水产养殖规模较大，但渔业科技水平偏低，水产科技研发不足；而缅甸、柬埔寨、文莱和老挝等国家虽然自然条件相对优越，但水产养殖业起步晚，渔业科技水平落后。

非　洲

一、非洲渔业资源丰富

非洲位于东半球的最西端，四面环海，毗邻印度洋、大西洋和地中海，河流湖泊众多，为高温、少雨、干燥气候，气候带分布呈南北对称状，全洲年平均气温在 20℃以上的地带约占全洲面积 95%。优越的自然地理条件使得非洲内陆和海洋渔业资源十分丰富，渔业在非洲国家的经济和人民生活中有着重要的意义。非洲作为水产养殖增长洼地，特别是撒哈拉以南地区有大量水和土地资源利用没有得到充分利用，廉价劳动力充足，对鱼品需求旺盛，且气候条件利于全年养殖，因此发展潜力无限。

二、非洲渔业品种从单一化向多元化方向发展

非洲水产养殖品种以鱼类为主，鱼类产量占养殖总产量的 90% 左右，其中淡水鱼类产量约 79%，海水养殖鱼类产量不到 11%。藻类养殖起步于 20 世纪 90 年代，总体产量一直保持稳定增长的趋势，目前产量占 10% 左右。甲壳类和贝类养殖产量都在 3 700 吨左右。非洲在 20 世纪 70 年代以前，仅养殖尼罗罗非鱼、地方罗非鱼品系、鲇鱼、鲤鱼、非洲骨舌鱼、虹鳟鱼及草鱼等；20 世纪 70 年代末开始，随着各国对发展养殖业的重视，

养殖品种日渐丰富，养殖产量也稳步增加，养殖品种最多的时候超过 110 多种。2015 年，养殖产量在 5 000 吨以上的品种为尼罗罗非鱼、麒麟菜、鲻鱼类、非洲鲇鱼、鲤鱼、金头鲷、尼罗尖吻鲈、欧洲鲈、黄姑鱼、裸臀鱼、倒鲇、脂鲤科类、其他鲤科鱼、海生苔藓类及非洲骨舌鱼等。非洲现有的水产养殖多与各种农业活动结合，经营方式粗放，产量低，分布零散。养殖模式主要包括土池半精养或粗放养殖（约占规模的 80%）、家庭庭院粗养（占 10%）、网箱养殖（仅占 5%）、水泥池半精养（占 5%），而循环水精养模式也日渐兴起，主要用于各国公有技术推广示范或研发中心进行苗种孵化和培育。

中国专家在南非水产养殖技术示范中心指导
（中国水产科学研究院淡水渔业研究中心 供图）

三、水产养殖产量有较大幅度提升

日益减少的捕捞渔业资源和不断增长的粮食需求使得非洲国家开始关注水产养殖业的发展，这极大地促进了非洲水产养殖业的发展。1981 年以来，非洲水产养殖业不断发展，总产量随着时间的变化经历了缓慢增长、较快增长和快速增长 3 个阶段。第一阶段（1981—1997 年）为缓慢增长阶段，产量从 2.86 万吨增加到 17.55 万吨，年平均增长率为 11.84%。该阶段水产养殖业发展主要受到政治动乱、鱼种匮乏、干旱等因素的限制，养殖基础薄弱，有些地区传统的养殖技术都未普及。第二阶段（1998—2008 年）为较快增长阶段，产量从 23.04 万吨增至 106.15 万吨，年平均增长率接近 15.00%，增速超过世界平均水平（6.70%）。第三阶段（2009—2015 年）为快速增长阶段，产量从 110.34 万吨增至 196.93 万吨，水产养殖产量平均每年增产近 13 万吨。但从世界范围来看，非洲对全球产量的贡献已经从 1.20% 增加到 2.30%，尽管比重有所上升，但水产养殖总产量依然很低。近年来，非洲水产养殖产量得到快速发展，特别是撒哈拉以南非洲水产养殖的快速发展贡献良多，最显著的是尼日利亚、乌干达、赞比亚、加纳和肯尼亚。但总体上，相比于亚洲、欧洲和南美洲，非洲的水产养殖业比较落后，技术水平参差不齐，大量的养殖资源（水资源、劳动力资源、市场资源等）尚未得到充分开发，未来发展前景可期。

四、渔业捕捞品种多且数量较大

非洲海洋鱼类有 2 000 种以上，特别在印度洋热带大陆架水域，鱼种繁殖量大，主要有蝠鱼科的黑边鲼鱼、牙鳐鱼，长吻鱼科的长吻鱼，菱鲷鱼科的谐鱼，青眼鱼科的黑鳍青眼鱼等。捕捞量较大的鱼类有鲉科鱼类、鲹科鱼类、鲭科鱼类、金枪鱼类、鲨鱼类。表层鱼类捕获品种主要有沙丁鱼类、仙女鱼科的龙头鱼、鲭科鱼类；底层鱼类捕获品种有石首鱼科的黄姑鱼等。此外，在印度洋沿岸还有比较重要的鱼种如银鲳鱼、宝刀鱼科的宝刀鱼等。岛国塞舌尔周边海域拥有金枪鱼、鲣鱼、石斑鱼、马林鱼、鲨鱼、平鲔旗鱼、鲭鱼、紫鱼、鲹鱼、天使鱼和鲷鱼等 10 多个品种鱼类。其中，品质优良的金枪鱼是塞舌尔渔业的主要产品，年捕获量约 5 万多吨。按水深程度来分，在 60 米深的浅水域易捕获的鱼类为无斑鲀、鲱鱼、马鲅鱼、鲐鱼及断斑石鲈；在 100 米深水域主要有断斑石鲈、海产鲇鱼、带鱼、鲷科鱼类、鲹鱼类的凹肩鲹鱼；在 150 米水深水域主要有日本金线鱼、发光鲷鱼；在 200 米水深以下区域主要有金线鱼、发光鲷鱼、蛇鲭科鱼类、大眼青眼鱼。其中，笛鲷鱼类具有高经济价值，约有 40 种，由于群栖在深水区，捕捞难度大，该类资源尚有较大开发利用潜力。

拉丁美洲

一、拉丁美洲气候优越，海洋与淡水资源丰富

拉丁美洲的主要地区处于南、北回归线附近的热带与温带范围内。在大西洋沿岸，墨西哥湾与加勒比海有南赤道海流和安的列斯海流；而南美沿岸又有圭亚那海流进入加勒比

海；巴西海流与福克兰海流交汇。太平洋沿岸，在墨西哥与中美洲沿岸有赤道逆流和加利福尼亚海流；南美沿岸有秘鲁海流。这些海流对渔业具有重大作用。拉丁美洲各国和各地区中，大部分都有供发展海洋渔业的沿岸海区或岛屿。特别是古巴、墨西哥、秘鲁、智利、阿根廷、巴西等国的自然条件较为优越，得天独厚的自然条件形成了多样性丰富的水生生物种群，为世界渔业发展贡献了众多优良的水产种质资源。目前国内养殖产量最高的凡纳滨对虾（南美白对虾）即原产于拉丁美洲太平洋沿岸水域，主要分布在秘鲁北部至墨西哥湾沿岸，以厄瓜多尔沿岸分布最为集中。此外，还有其他一系列优良的虾类、石首鱼类、鲇鱼类、鲈鱼类、蟹类等资源。但受科技发展水平的限制，这些优良种质资源或者主要为欧美发达国家发掘利用，或仍处于未开发阶段。

拉美—墨西哥水产品市场的鲭鱼

（中国水产科学研究院　供图）

二、拉丁美洲国家水产养殖发展水平不均衡

智利鲑鳟鱼养殖水平、厄瓜多尔的虾类养殖水平均达到世界领先水平，但其他发展中国家水产养殖刚刚起步，技术单一、不配套，产业链中各环节关键技术均需加强和提升。

拉丁美洲拥有 3 万千米的海岸线和世界上最大的淡水资源，鱼类资源丰富，水产品种繁多，其渔业产量占世界渔业产量的 25%。尽管如此，其生产潜力，尤其是水产养殖的潜力仍远未充分开发，捕捞业和养殖业整体上还有较大的发展空间。

养殖。拉丁美洲无论在淡水养殖或海水养殖上都有很大潜力，智利的鲑鳟鱼产量居世界第二位，虾类养殖已在墨西哥、巴西和一些中美洲国家开始发展，其他贝类、贻贝、海蛎和扇贝也已开始养殖。众多优良的种质资源仍有待开发，特别在虾类资源开发上，与我国存在很大的互补性，但育、繁、推体系尚不成熟，产业发展技术需求巨大。

海洋捕捞。2016 年，拉丁美洲国家捕捞总产量达 1 085 万吨，开发程度总体处于较低或中等开发水平，捕捞技术或渔船设备整体上相对落后，具体每个国家的情况有差别，产业发展走的路线也有所不同。智利和秘鲁是拉丁美洲的两大渔业国，其捕获的均为小型中上层鱼类。由于缺少系统的渔业资源调查，对资源渔场掌握不够深入，对其变动机制也缺乏了解，近海渔业科学管理需要系统数据支撑。

水产品加工。拉丁美洲的水产加工品主要用于出口，特别是低成本的小型中上层鱼类产品很适应国际市场的需求。但冷藏和冰冻鱼、冷藏和冰冻甲壳纲类及贝类的产值占主要部分，目前拉丁美洲国家水产加工业的技术水平较低，加工企业对引进新型加工工艺，更新生产设备有较大需求。

三、墨西哥渔业

拉丁美洲国家热带渔业的典型代表为墨西哥，虽然智利水产养殖业整体水平更高，但其主要养殖种类为冷水鱼。墨西哥位于北美洲南部，北邻美国，南接危地马拉和伯利兹，东临墨西里湾和加勒比海，西南濒太平洋和加利福尼亚湾。主要种质资源包括鲍鱼、金枪鱼、蝾、鲨鱼、沙丁鱼、龙虾、鱿鱼、蛤蜊、海参。

海洋捕捞。墨西哥海岸线长，海域辽阔，近海渔业资源十分丰富，主要渔业产区集中在太平洋和加利福尼亚湾，具有丰富的品种和比较低的渔获物价格，目前已鉴别鱼类品种 305 个，具有经济利用价值的鱼类品种占 60%。主要捕捞的品种有金枪鱼、沙丁鱼、对虾、鱿鱼和鲷鱼等，其捕捞量占全部海洋捕捞量的 62%。其中有的品种因价格低廉、品质优良在国际市场上具有比较强的竞争力，如金枪鱼、沙丁鱼、虾和章鱼等。墨西哥主要以近海捕捞为主，远洋渔船数量少，所以大型渔港极少，墨西哥渔港总长度 30.32 千米，其中捕虾港长度占第一位，为 14.02 千米。根据墨西哥全国渔业与水产养殖委员会发布的渔业统计年鉴和 FAO 发布的历年数据，1955 年以前其海洋捕捞产量在 10 万吨以下，之后出现了持续增长；到 1970 年，其年捕捞量达到 37.70 万吨；1981 年达到了历史最高产量，为 155 万吨，之后出现了下降且波动上升；2003 年以来，其年捕捞量为 117 万～150 万吨，并且年捕捞量总体有上升趋势；2013 年捕捞量达到 159 万吨。墨西哥的捕捞能力尤其是远洋捕捞能力与其渔业资源拥有量不相称，捕捞水平还有待开发。

水产养殖。墨西哥政府及企业逐渐开始关注水产养殖业的发展。自2000年起，墨西哥水产养殖业产量每年以14%的速度增长，人均水产品消费量每年增加3千克以上。水产养殖的主要品种有海水白对虾、淡水罗非、虹鳟、斑点叉尾鮰，正在发展的品种包括金枪鱼、石斑鱼、红鲍、牡蛎、象拔蚌等。墨西哥水产养殖业主要集中在太平洋海区的米却肯州和席纳洛阿州，全国拥有9 000多个水产养殖场，以及410多座水产品加工厂，每小时加工能力近千吨。墨西哥渔业从业人员约30万人，主要来自墨西哥各州、太平洋沿海、墨西哥湾和加勒比海地区，其中近21%的人口从事水产养殖，近79%的人口从事水产捕捞。现阶段墨西哥水产养殖广泛利用开放和封闭系统，进行粗养、半精养和精养，利用网拦和网箱、悬浮绳、手工挖掘的土池、水道、水泥池槽、简易水池等进行水产物种的安全繁育。病害防疫技术还相对落后，水产养殖技术还比较初级，属于刚刚起步阶段。墨西哥多种多样的地形造就了各种不同的气候条件和生态环境，有利于发展更加多样化的水产养殖。墨西哥水产养殖业发展将依赖于应用高效技术、改革创新、现代化和转化加工等。

渔业装备。墨西哥渔船拥有量最多的是维拉克鲁斯，为1.60万艘，占墨西哥全国渔船量的15.10%，其次是锡纳罗阿州，为1.24万艘，占1.70%。锡纳罗阿州拥有远洋渔船592艘，占全国的19.90%；其次是尤卡坦拥有578艘，占19.40%。在远洋捕捞船中，捕虾船占其总量的66.00%，主要集中在索诺拉州和锡纳罗阿州；金枪鱼捕捞船占远洋渔船的3.00%，其中53.00%集中在下加利福尼亚州；沙丁鱼船占远洋船的2.00%，其中86.00%集中在索诺拉和下加利福尼亚州；软体水产品船占远洋船的28.00%，其中67.00%集中在尤卡坦半岛。

水产品加工。墨西哥拥有410多座水产品加工厂，每小时加工能力近千吨。锡纳罗阿州加工能力最强，拥有106座加工厂，加工能力占全国水产品加工能力的15.00%。下加利福尼亚州拥有12座水产品罐头加工厂，加工能力为每小时100多吨。墨西哥水产品出口额仅占其出口总额的0.73%，出口的主要水产品是冻虾，占水产品出口额的65.00%。墨西哥水产品的主要出口国是美国，占其水产品出口额的85.00%，其次是西班牙、日本、韩国和意大利等国。

大洋洲

一、渔业水平差异巨大

澳大利亚、新西兰等是世界发达国家，巴布亚新几内亚等是发展中国家。水产品贸易水平、渔业管理现状以及渔业基础设施的差异显著，导致大洋洲各国家之间海洋渔业发展存在巨大的差异。部分发达国家政府在研究上资助资源评估、开发、管理，并在促进水产养殖上起积极的作用，发展中国家研究力量薄弱，没有能力开展系统有效的相关性研究，从而导致发达国家和发展中国家之间存在差异、创新能力不一。

大洋洲的黄条鰤

（中国水产科学研究院黄海水产研究所　供图）

二、资源利用程度较低

金枪鱼等资源丰富，利用程度较低。大洋洲位于太平洋中部和中南部的赤道南北广大海域中，西邻印度洋，东临太平洋，渔业资源丰富，有许多天然渔场，盛产金枪鱼。有关岛国金枪鱼配额高，但是工业化捕捞规模小，配额利用不充分。澳大利亚金枪鱼配额则分布在不同的个人和公司，利用率也较低。大洋洲各国家金枪鱼年捕获量低于年可捕量，主要原因是部分发展中国家工业化捕捞规模小，作业方式落后，年捕获量不高，导致配额利用不充分。

三、水产养殖起步晚

除澳大利亚以外，大部分大洋洲国家水产养殖刚刚起步，技术单一、不配套，产业链中各环节关键技术薄弱，未形成养殖规模，导致单产低、饲料成本高、经济效益低。养殖育苗依赖进口严重，也缺乏系统的疾病诊断防控技术。养殖水平与我国存在较大差距。

四、环保刚性约束强

根据大洋洲国家各自不同的法规以及公约刚性要求，控制对高度迁徙的鱼种的过度开发捕捞，海洋捕捞都必须在自然生态允许发展的范围内进行。尤其澳大利亚渔业资源管理已经形成了完整的体系，无论是商业生产还是休闲渔业，管理制度严谨，执法严格，其在发展水产养殖过程中，十分重视渔业水域环境质量和周边生态环境保护。

热带渔业存在的主要问题

渔业产业技术和装备基础薄弱。受渔业技术发展、设施配套有限等因素影响，水产品产量与自然资源禀赋存在明显不对称现象。养殖业过多依赖于野生种苗采捕，人工繁育技术落后。养殖模式与技术粗放，现代集约化养殖模式发展乏力，水产养殖多以粗放型池塘养殖、初级工厂化模式、近岸小网箱养殖为主，以消耗自然资源为驱动，养殖品种单一、养殖密度过大，单纯以增加养殖面积提高产量，设施简陋且技术落后、机械化程度低。病害防控技术体系尚未建立，抵御风险能力差，病害频发造成养殖产品品质不可控，养殖生产效率低下。

渔业教育滞后是许多发展中国家水产养殖业发展缓慢的根本原因。尽管有的国家在某些大学和学校开设了水产专业，但由于师资匮乏，对此感兴趣的生源有限，水产养殖课也仅仅是学生进行生物学学习的一小部分，学生进行教学实习的基地非常有限。渔业教育的滞后导致了科技和管理人才匮乏，养殖技术知识欠缺。如纳米比亚渔业和海洋资源部水产养殖司仅有 3 名专业技术人员，他们既是技术人员又是管理人员，根本没有时间和精力用于现代化渔业技术的普及和推广。大部分渔民文化层次低，对养殖生产中的水质调控、病害防治、日常管理等相关技术掌握不多，如马拉维约 5% 的养鱼者是文盲，超过 70% 的为小学程度，约 24% 的为中学程度。可以说，由于科研和专业技术人员不足，无力研究和开发优良养殖品种和优质饲料、传播适用的科学的养殖技术，严重限制了产业提升。

热带渔业技术需求

由于气候变化的影响，很多农产品资源紧缺，使得水产养殖业巨大的发展潜力得以凸显。许多热带国家已经开始注意渔业的发展潜力，希望可以借鉴其他水产养殖发达国家先进的发展理念和生产技术，以期开发本国的水产资源，带动渔业的大发展。一是要解决“种”的问题，只有优质的“种”，才能推动产业发展。二是要解决技术、人才的问题，非洲各国尽管有着较为优质的设施，然而本地的罗非鱼及鲇鱼亲本问题仍然没有得到大的改善，池塘养殖水平普遍偏低，急需技术支持。

热带渔业的科技需求主要体现在：一是繁殖和苗种培育技术。各国政府欲提高鱼类在水产养殖产品中的比重，但受制于繁殖和苗种培育技术。二是鱼类基因资源发掘与育种技术。由于各国在鱼类基础研究相对落后，育种技术研发不足，导致鱼类新品种研发滞后。三是节水型养殖技术。部分国家水资源缺乏，政府对水资源管控比较严格，用水成本高并且用量受限制，只有少数地区水源稍充裕。四是水产养殖技术和操作技能培训。由于水产养殖总体规模小，民间没有养殖传统，技术人员缺乏，整体的养殖技术水平偏低，生产工人缺乏经验、实际操作能力较弱，从水产养殖技术人员到操作工人都需要培训。五是水产养殖器械、工具、饲料等配套产品或技术。由于各国水产养殖业规模小、历史短，渔业机械（指水产养殖相关的部分）产业完全空白，水产养殖需要的器械比如增氧机、投饵机、鱼筛、谷物粉碎机、搅拌机、成型机等都无法从当地市场购买，相应的技术也缺乏。大多数国家没有专门生产鱼饲料的厂家，一旦水产养殖总体规模增长到一定程度，上述配套产品和技术的需求就将愈加突出。

第十六章

农业信息技术

近年来，伴随着大数据、物联网、电子商务、农业遥感等技术在农业生产经营领域的推广应用日渐深入，世界各国普遍认识到农业信息技术已是改变现代农业生产方式，提高农业资源使用效率，解决世界粮食安全、贫困问题、应对气候变化等问题的重要手段。

一、农业大数据技术

从世界范围来看，农业大数据研究和应用较为广泛的国家主要还是集中在美国、德国、英国、日本等信息技术发达国家。热带地区的绝大多数国家属于以农业为支柱的发展中国家，囿于政府的能力和经济发展水平，信息网络基础设施不完善、农业信息化水平低、农业大数据人才匮乏、相关政策体系支持弱等原因。热带农业大数据研究普遍存在缺乏大规模、全领域研究的条件限制。热带农业大数据研究主要是在信息技术基础较好的少数热区国家开展了一定程度的探索和应用，如澳大利亚农业部采用一款在线数据工具，包括监测预警工具、气候影响分析模型、降水对牧草生长展望模型等，有效提升了数据挖掘分析利用能力。此外正在开发和使用机器人、自主系统、先进的电信、无线、天线和传感器网络等来提高科研能力。印度基于研发数据为农民提供更多在生产活动中的咨询建议，主要是定制化的信息和建议，涉及种子购买、播种预处理，作物田间管理、作物收割及销售环节的数据服务。在其他发展中热区国家，农业大数据主要是集中在由FAO、世界银行及其他非营利组织依托项目开展的一些大数据系统的小范围应用探索。我国热带农业大数据起步较晚，但得益于完备的基础设施、农业信息化、国家和地方政府的政策支持、充足的资金支撑，热带农业大数据发展迅速，热区九省（区）相继出台了涉农大数据文件，同时，各省建立了一批研究院和大数据中心，如国家生态大数据研究院、海南大学大数据与人工智能研究院、广东省农业大数据工程技术研究中心、云南农业大学大数据中心等，贵州成为国家首批大数据综合试验区之一。我国在热带农业大数据相关理论研究、基础数据收集、热带农业大数据应用、人才培养等方面已积累了一定的优势。

二、农业物联网技术

目前，国外农业物联网感知技术研究方面主要依托新原理、新结构、新材质向袖珍化、现代化、多变化方向发展。在农业物联网传输技术研究方面，主要根据现有模拟信息传输感应支点基础上，加大低功耗、高测量精度传感技术研究；在农业物联网信息处理方面主要对动植物生长模型、决策支持模型、预警预测模型、数据挖掘领域相对成熟，并开始致力于数据的深度挖掘、数据共享与处理等研究。

世界热区国家在农业物联网方面主要是在少数经济基础较好的热区国家，集中在物联网技术本地化的应用研究方面。如泰国创建了葡萄园微气候监测系统、基于物联网的灌溉控制系统的智能农业装备研发等。我国方面，热区农业物联网在国家推动“互联网+”的政策环境推动下，有了良好的发展创造空间。海南、云南、广西都明确指出，围绕传感器、智能终端等重点领域，开展物联网关键技术研发，推动物联网技术在现代农业的应用，实现省、市、县 3 级农业物联网数据同步共享，并建立全省统一的农业物联网云平台。目前，中国热带农业科学院在针对热区高温、高湿环境，开展热区作物田间生产环境监测预警系统及其硬件系统、热区水肥一体化系统的研究与集成开发。在农业信息传输技术方面，热区农业物联网主要利用无线传感器网络节点建立农田环境信息采集网络，并通过无线网络将实时数据发送到远程数据库，为农业领域中远距离、多要素数据的采集提供了解决方案。在农业信息处理方面，主要开展作物模型、栽培模型农业决策模型研究。

三、农业电子商务技术

国外开展农业电子商务研究的国家中，越南、马来西亚，以及泰国都是以国内市场为主的 B2C 电子商务购物平台。印度、印度尼西亚、尼日利亚等新兴市场开始兴起，成为驱动全球电商不断发展的新动力。印度电商从 2014 年开始快速成长，2015 年呈暴发发展势头，全年网民规模增长 1.3 亿，达到 3.75 亿，超过美国跃居世界第二位。2015 年印度网络零售成交额为 140 亿美元，增长 130%，在亚太国家中增长最快。

我国热区各省（区）对农业电子商务发展也比较重视。广西全面实施“电商广西、电商东盟”工程，引进中国联通“沃易购”、千橡集团电商总部、百度广西营销服务中心等企业落户和培育美丽湾网上商城、华南城“东盟购”、广西糖网等本土企业发展。通过在阿里巴巴、淘宝网、京东商城等网站建设“广西特产馆”，电子商务平台服务广西经济的能力全面提升。2014 年，广西电子商务交易额突破 2 100 亿元创历史新高，同比增长 65.90%，增幅达全国平均水平 2 倍。随着中国—东盟自由贸易区的不断升级，广西东兴与东盟各国的跨境电商发展迅速，2014 年东兴电商销售额 8 亿元，2015 年 16.70 亿元，成为国家电子商务进农村综合示范县。海南省着重推动农业转变发展方式，利用农业电子商务发展推动“互联网＋农业小镇”建设。2015 年在海口石山、文昌会文等 10 个乡镇试点建设互联网农业小镇。目前中国热带农业科学院科技信息研究所基于 JAVA、HTML 5、数据库、物联网等技术建立了海南农产品交易市场信息服务平台。

四、农业遥感技术

热带地区受大气环流、副热带高压、季风以及热带气旋等的影响，热带农业生产系统成为一个高度复杂的复合体系。遥感技术具有获取信息量大、多平台、多分辨率、快速、覆盖面积大的优势，是即时掌握农业资源、作物长势、农业灾害等信息的最佳手段，对改变或部分改变农业生产的被动局面具有特殊作用。20 世纪 70 年代开始，美国和欧洲就开始采用卫星遥感技术建立大范围的农作物面积监测和估产系统。总体来说，遥感技术在世界热带国家较为落后，在热带农业中的应用起步较晚。近年来，各国先后发射了各类民用卫星平台和传感器，从光学资源卫星为主向高光谱、高空间、高时间分辨率的方向发展，米级分辨率的雷达卫星数据，每 3 天覆盖全球一次的微波遥感数据，以及各种灵活多样的无人机平台等的出现，为热带地区农业遥感的发展提供了新的机遇。目前，遥感技术在热带农业资源调查、生物产量估计、土壤遥感调查、作物遥感估产、农业灾害预测和评估等方面都得到了广泛的应用。在 20 世纪 70 年代印度便利用遥感技术监测椰子萎蔫病，随后又利用遥感技术对印度的主要食用粮食和油料作物进行作物面积和产量评估。澳大利亚根据小麦、玉米、棉花、油菜、豆类、牧草生长环境的土壤特征变化开发出相应的作物生长模型。中国热带农业科学院主要在典型热带作物遥感识别、作物植被参数反演、作物长势与生产力监测、自然灾害监测等方面开展了研究。

五、农产品质量溯源技术

欧美发达国家的农产品追溯系统应用最早，并且已建立起相对比较完善、涵盖面广、具有统一性的农产品追溯系统体系。从 20 世纪 90 年代开始，许多国家和地区已经应用可追溯系统进行农产品质量安全管理，溯源技术被广泛地使用，尤其是发达国家，通常使用 EAN.UCC 码作为追溯的主要技术手段。热带国家农业溯源技术相对于发达国家来说较为落后。2018 年，澳大利亚通过亚洲基金会提供赞助的“帮助越南农产品创建品牌”项目，对出口澳大利亚的越南火龙果实现可追溯试点展开。

我国追溯领域的研究始于 2002 年，但后续发展快，全国各地政府及企业相继建立起了以食品安全为主的追溯系统平台。目前，我国热区一些省份对溯源系统的应用主要在单一的农产品和食品方面，例如，中国热带农业科学院科技信息所针对海南省的槟榔、热带水果、热带农产品及湖南龙山百合等构建了追溯系统并在相关企业推广运用；广西农垦国有阳圩农场的农产品质量追溯系统让百色芒果首次拥有了“质量身份证”；云南省利用二维码技术构建茶叶追溯系统；另外，广西、广东和海南还建设了农药追溯管理系统。这些溯源系统大多采用 RFID 无线射频技术、现代数据库管理技术、信息技术及条码技术。

2017 年国家农产品质量安全追溯管理信息平台上线后，广东省作为第一批试运行省份，实现了追溯、监管、监测和执法统一管理的目的，为广大农产品生产经营者、社会公众提供信息化服务。

六、主要问题

世界热带农业基础数据来源多样，缺乏统一标准，整合性差，热带农业数据资源共享程度低，同时缺乏有效的数据挖掘和分析手段，制约数据资源利用。高端传感器被发达国家垄断导致热带农业物联网系统成本较高；热带农业物联网传感器功耗高，感知数据精度低，传输可靠性较差，数据收集不稳定，网络传输安全性技术、抗干扰技术、自动动态组网技术的自主化程度较低等共性问题普遍存在，对农业物联网数据的挖掘、分析技术和手段普遍欠缺。

热带农业遥感技术应用主要集中在典型热带作物遥感识别、作物植被参数反演、作物长势与生产力监测、自然灾害监测等，还处在起步阶段，缺乏主要热带作物遥感精准识别及农情遥感监测共性关键技术支撑。农产品溯源共性关键技术缺乏，溯源系统平台不统一、分散、相互不兼容等问题普遍存在，“碎片化”的现状造成每个系统的追溯链条都不完整，难以实现从“产地到餐桌”全程监管。

七、技术需求

世界热带农业大数据的数据资源体系建设研究，加强多源异构农业大数据融合技术、农业大数据挖掘分析、可视化技术和农业大数据在热带农业中的共享与应用共性关键技术研究。智能化物联网传感器等先进传感器研究，加强基于 RFID 的识别技术与基于传感器的感知技术获取信息的无缝整合研究，提升农业生产、流通、加工、消费全产业链信息的深度融合与挖掘能力。

区块链技术、数据挖掘、物联网、移动支付、质量溯源等技术与电子商务融合技术研究，通过消费领域数据深度挖掘分析，精准了解并匹配市场和用户需求，提升热带农产品流通效率。天空地一体化热带农业遥感数据获取技术与装备研发，为解决热带农业遥感数据获效率与质量问题提供基础技术支撑。

第十七章

新兴产业

生物种业

一、生物种业发展现状

生物种业是热带农业发展的战略性、基础性核心产业，是促进热带农业长期稳定发展、保障世界热区国家粮食安全的根本产业。目前，利用生物技术等高新技术成果实现农业可持续发展的第六次产业革命已经来临，并已广泛应用于热带农业。生物种业及种业科技的快速发展，为世界热带农业发展做出了重大贡献。随着农业产业全球化、市场化的发展，世界热区国家生物种业及种业科技发展面临新的挑战和重大机遇，强化自主创新，抢占生物种业科技战略制高点，对加快推进世界热区发展中国家生物种业跨越式发展具有重大意义。目前，基因组学、蛋白组学等前沿技术不断引领现代育种发展方向，在以生物技术为代表的现代科技支撑引领下，国际生物种业呈现出高技术、高投入、集约化发展趋势，现代生物育种表现出高通量、规模化、工厂化、信息化特征。以企业为主导的全产业链集约化科技创新成为国际生物种业竞争的核心。

中国热带作物宜植地占世界宜植地面积的 9%，全球主要热带作物都有在中国种植。中国热带作物产量与收获面积均位居全球前 10 位，是全球重要的热带作物及产品生产国。同时，中国也是世界第二大种业市场，拥有全球最庞大的育种队伍，但种业大国并非种业强国，尤其是热带作物和特色动植物品种选育技术发展还比较缓慢，部分热带作物品种选育研究尚停留在种质资源评价和鉴定阶段，尚未建立新品种选育体系、评价体系、繁育体系，某些热带作物品种还是以选择育种和杂交育种为主，在生物技术育种方面还未取得重大突破。近年来，我国加大了热带作物产业扶持力度，强化种业科技创新、培育优势种子企业，热作种业科技发展迅速，尤其是生物种业为热带农业持续发展和热区粮食安全做出了重大贡献。目前，我国在热带作物高产优质多抗新品种选育等方面取得了显著成就，选育的木薯、橡胶、香蕉、椰子等作物新品种已在国内外广泛种植推广。

二、现代生物技术引领生物种业发展

热带现代农业发展，希望在科技，关键是品种。生物育种是生物种业的核心技术和手段，具有前瞻性、战略性和竞争性。传统遗传育种技术是建立在有性杂交的基础上，通过遗传重组和表型选择进行新品种选培。随着主要热带农作物和特色畜禽品种遗传多样性逐步减少，传统育种瓶颈问题越发明显，利用常规育种技术已经很难育成突破性动植物新品种。进入 21 世纪，随着农业产业全球化、市场化的发展，世界生物种业及种业科技发展异常迅猛，现代生物技术的创新极大地推动了现代育种的发展，主要技术包括农业生物重要功能基因发掘、分子标记辅助育种技术、基因工程（转基因）育种技术、植物组织培养快繁技术、植物单倍体及多倍体诱导育种技术、种质资源辐照诱变育种技术、航天育种技术，以及基因组编辑技术、大数据分析优化育种管理技术等。目前，围绕热带动植物种质创新、育种新技术、新品种选育、良种繁育等创新链条和环节，世界热带作物和特色动植物育种研发的热点主要聚焦在种质资源的评价与创新、重大品种创制和育种新技术、制繁种关键技术、种子种苗生产加工和质量控制技术等领域，在热带动植物育种理论、技术和方法上取得了重大进展，突破了一批重要热带作物、热带畜禽、热带水产重要性状鉴定和评价技术，研究集成了一批热带作物规模化制繁种技术及种子种苗生产技术、热带特色动植物品种快速繁育技术及良种检测技术等核心关键技术，利用分子标记、转基因、细胞工程、染色体工程、诱变育种等关键技术，建立了热带作物和特色动植物高效育种技术体系，选育了一批动植物优质多抗新品种，促进了世界生物种业的发展与进步。

三、主要问题

生物育种专业化人才匮乏，从世界范围来看，全球 70% 以上的水稻基因专利、90% 以上的玉米基因专利、80% 以上的小麦基因专利和 75% 以上的棉花基因专利掌握在美国、日本、澳大利亚等国，而我国获得的基因专利总数只有约 7 000 件，不足美国的 10%，其他发展中热带国家更少。生物种业研发投入严重不足，种业具有高投入、高风险和高回报的行业特征。生物种业由于技术和人才等要素的加入使得其研发投入巨大，着眼于未来发展的战略性研发投入重视不够。

四、技术需求

关键要构建生物种业研发应用的完整技术体系，现代生物育种研发链要以市场需求为导向，从上游的基因发现和评估开始，通过候选基因的优化、骨干亲本的转化、商业化转化体的筛选，安全评估和性状整合等一系列中游研发程序，最后进入品种选育，从而获得具有特异性状和功能的新品种。

纳米农业

纳米科学技术是以现代先进科学技术为基础的尖端科技，是一门交叉性很强的综合学科。进入 21 世纪，世界各国纷纷意识到纳米科技对社会的经济发展、科学技术进步、人类生活等方面产生了巨大影响，加大了对纳米科学技术研究力度，将其列为 21 世纪最重要的科学技术。美国、欧盟、日本纷纷将纳米科学技术的研究和发展列为国家科学技术发展的重要组成部分，我国也于 2003 年、2006 年分别成立了国家纳米科学研究中心、国家纳米技术与工程研究院，并于 2006 年将纳米科学与技术研究列为《国家中长期科学技术发展规划纲要》的四大重点学科之一。至今纳米技术已在食品、化工、医药和农业在内的多个领域具有广泛的应用。

纳米农业是将纳米技术运用于农业领域，主要研究纳米尺度的材料在农业中的应用，是近年来发展起来的新兴产业。纳米农业技术在促进农业高效绿色发展和可持续发展中起到重要作用。纳米农业在国外已有 10 余年的发展历程。2003 年，美国联邦农业部启动了“Nanoscale Science and Engineering for Agriculture and Food Systems”研究计划，FAO、WHO 等国际组织也多次召开纳米农业相关会议。在国内，纳米科技的研究起步相对较晚，十一五”期间，我国部署的“863”计划项目开始支持农业纳米药物研究，并且取得了重要进展。目前，纳米技术在农业领域的应用主要集中在植物保护、作物生长调节和土壤修复等方面，纳米农药、纳米肥料、纳米传感器和纳米土壤修复的出现极大程度地改善了农业生产情况。

一、纳米科技在农药领域应用

在农业领域，农药被用作杀菌剂、杀虫剂或除草剂，通过喷洒或播撒在不同植物的生长阶段来达到植物保护的目的。但是，农药的滥用会导致病原菌产生抗药性，同时，大量的农药会随着土壤流失，或者被光和微生物分解，从而造成使用效率低、环境污染等一系列问题。纳米农药指的是将农药原药和载体粒子纳米化后，形成具有纳米效应、低用量、高药效、环境友好的新型农药制剂。

二、纳米科技在肥料领域应用

传统肥料的利用效率低，30% ～ 60% 的 N、10% ～ 20% 的 P 和 30% ～ 50% 的 K 被植物吸收，剩余的都流失在环境中，导致资源的浪费和环境的污染。纳米肥料由于体积小，可以进入植物的表皮和各转运通道，因而可以更有效地输送营养物质。纳米肥料可以大大地提高肥料利用效率，包括纳米结构肥料、纳米缓（控）释肥料、纳米磁性液体肥料和纳米生物复合肥料几大类。

三、纳米科技在传感器领域应用

生物传感器的研制是纳米技术应用于农业的一个新的研究方向。纳米材料因其独特的理化性质，对温度、光、湿度和气体浓度的变化非常敏感，通常会引起表面或界面离子价态和电子输出的迅速改变，而且响应快，灵敏度高。作为纳米生物传感器，具有高敏性、快速性和高准确性等特点，这些高灵敏度的纳米传感器在监测农业污染物、管理植物生长和植物保护等方面具有巨大潜能。

四、纳米科技在土壤修复领域应用

土壤是人类赖以生存的重要条件之一，地球表面的陆地面积占地球表面总面积的29%，其中现有耕地约占全球陆地总面积的 10%。随着技术的发展和研究方法的不断创新，巨大的比表面积、超强的吸附、催化和螯合能力使得纳米材料在众多土壤修复材料中脱颖而出。

纳米材料与技术对于提高农业投入品生物利用率、实现农业生产节本增效和农业生产可持续发展、保护生态环境、提高农产品安全性等方面具有重要的意义。然而，目前纳米材料与技术在农业上的应用仍处于初期阶段，由于现阶段研究方向和材料的多样化，使得研究工作比较分散且不够深入。部分研究工作在理论研究方面仍然不够系统；还有一些研究仅在实验室阶段取得良好的效果，由于材料的成本、规模化生产设备等因素的限制，距离大规模田间应用或商业化还有一段距离。因此，加大科技投入，深入开展纳米材料与技术的农业应用机理、生物安全性评价等基础研究工作，紧密结合农业生产实际，面向市场需求，探索合理的产学研模式，加速研究成果的产业化，是推进纳米农业技术研究的有效途径。纳米科学为人类开辟了在微观尺度上改造分子和原子、合成微小机器的新视野，相信纳米技术将使整个农业生产方式和食品工业发展发生变革，让农业的未来变得更加精彩。

五、主要问题

目前，从全球层面来看，纳米农业的研究正处于起步阶段，尽管研究纳米农业的科研论文数量逐年上升，但是能够推广市场的农业相关纳米产品成果为数不多，大多研究成果仍处于实验室研究阶段。制约纳米农业发展的主要问题：一是世界各国对纳米农业的发展不够重视，缺乏对纳米农业发展的前瞻性政策导向。二是纳米农业相关研究周期长，导致后备科研人员数量不足。三是纳米农业研究成本高，高校、科研院所、企业在缺乏足够资金支持的情况下，相对较少地开展纳米农业研究。四是有部分研究在实验室阶段取得良好的应用效果，但由于材料的成本、规模化生产设备等因素的限制，距离大规模田间应用或商业化还有一段距离。

六、技术需求

纳米材料与技术在农业上的应用潜力很大，但仍有一些关键问题需要解决。一是纳米材料能否精准递送到植物作用部位，纳米材料在植物体内的递送方式如何。二是农用纳米材料是否对植物的生长和生理具有影响，生物安全性如何，有待进一步探究。三是纳米粒子在环境中如何转化迁移，最终是否转变成更有毒的形式，纳米材料对环境的影响有待揭示，纳米材料的安全性评价体系仍需完善。四是需研发配套成熟的如纳米农药、纳米肥料、纳米兽药等纳米农业投入品的制备方法和生产工艺，突破关键技术瓶颈，在增加生产工艺规模上下功夫，以降低纳米农业成果的研发成本，最终才能有利于加快农业纳米研究成果市场化的步伐。

第十八章

热带农业科技发展方向

当前，世界热带农业处于传统农业向现代农业过渡阶段，热区各国政治、经济的不同，特别是科学技术水平的差距，决定了世界热带农业多元化发展格局。受热带资源稀缺性的制约，热带农业发展的重点在科技，抢占科技制高点是主导未来热带农业发展方向的关键。需要准确把握全球热带农业发展趋势，在热带农业前沿基础、关键技术、平台条件、人才引培等科技创新关键要素上进行系统设计，着力构筑先发优势，保障国家稀有工业原料和战略物资供给安全，保障优质特色热带农产品有效供给。

强化热带农业科学领域基础和应用基础研究

热带农业种质资源。系统开展热带动植物种质资源收集保存，围绕种质资源多样性及其遗传变异的生物学基础等科学问题，利用基因组、转录组、蛋白组等组学原理与方法，开展种质资源表型鉴定和基因型鉴定技术研究，结合精准表型鉴定数据，深度发掘产量、品质、抗逆等重要性状的优异基因资源，为创制具有重要应用价值的新种质和新材料奠定基础。

热带农业动植物生物技术育种。围绕热带作物产量、品质和抗性形成与遗传调控机制等重大科学问题，着力解析光合产物形成、运输与积累的分子调控机制及高产优质抗逆的分子基础和调控网络，重点突破基于热带作物全基因组的分子标记辅助育种技术、基因编辑技术、合成生物技术、多基因聚合技术及热带作物遗传转化瓶颈，构建高效育种技术体系；开展热带畜禽品种优良特性的分子生物学评估利用研究，利用动物干细胞技术，突破种源限制和种间杂交瓶颈，建立热带畜禽高效育种技术体系，显著提高热带种业自主创新能力。

农业资源与环境。围绕热带作物光热水肥等资源优化配置的重大科学问题，着力解析热区土壤肥力演变规律、作物理想需水与调控机理、水肥耦合机理等。围绕农业污染物迁移的界面过程与阻控机制、潜在危害因子与农产品质量安全的相互关系等重大科学问题，强化农药、化肥、地膜等投入品环境效益的长期观测和科学评价，着力解析农产品全产业链中污染物的来源归趋、环境行为、毒理毒性以及代谢规律等。

强化热带农业产业关键技术的研发

优良品种培育。重点突破杂交高效育种技术、构建分子设计育种和常规育种结合的热带作物高效育种技术体系，培育高产优质抗逆新品种，研发良种扩繁、种子加工等技术。

高效栽培。重点突破热带作物节水生理调控技术，高效农艺节水节肥技术，耕地保护与地力提升技术，开发绿色保水剂和高效缓施肥，构建资源高效利用技术体系。

绿色植保。重点突破热带作物天然免疫诱抗、新型环保农药创制、有害生物生态控制、天敌高效扩繁释放等关键技术，构建以天然免疫、生防物治、物理阻隔为核心的绿色防控技术体系。

健康养殖。建立畜禽健康环境、健康水平的指标体系，重点突破适宜热区畜禽规模化设施养殖关键技术、动物用抗菌药替代技术，研发中兽药制剂和绿色添加剂，构建健康养殖技术模式。

生态循环。重点突破高效立体种养、农业废弃物的资源化利用、农村环境综合整治和农田生态景观构建等关键技术，构建循环农业模式。

农产品质量安全。重点突破农兽药残留、重金属、生物危害因子等的高精度检测技术，重金属和地膜等面源污染治理关键技术，构建热带农产品质量安全全程控制技术体系。

多功能农业装备与设施。重点突破热带农业精准作业与信息化技术，研发适合热带农业生产特点的多功能作业关键装备和设施。

提升热带农业科技创新平台条件

构建全球最大的热带农业生物种质资源库。建设热带作物、热带畜禽、农业微生物等活体库和离体保存库，构建热带农业生物资源保存、评价和利用的基础平台体系，建成全球最大的热带农业生物种质资源库。

构建全球最大的热带作物种质资源圃。构建世界最大的热带作物种质资源圃。对种质资源进行农艺性状鉴定、筛选高产优质和抗逆性强的种质资源，建立表型与基因型结合的种质资源鉴定评价体系，创制育种新材料，构建热带作物种质资源展示和共享平台。引种和驯化重要的野生植物，并对珍稀濒危、特有和有重要经济价值的物种进行人工繁殖、保育与科普展示。

建设热带农业有害生物监测预警与隔离防控重大设施。针对热带农业有害生物和重大迁飞性害虫进行监测预警隔离与防控提供技术平台，利用卫星遥感等监测全球热带主要农作物的病虫害发生动态规律，为预警预报、绿色防控提供基础数据。建设功能完备、设施完善、安全可控的热带农业有害生物隔离防控重大基础设施，为引进种质资源的隔离检验、检疫和入侵有害生物的防控技术研究提供条件保障。

建设热带农业科技创新综合实验室。面向现代热带农业绿色、智能、高效发展要求，围绕热带生态循环农业、热带智慧农业、热带功能农业等方向，以建设热带作物、热带农业生物资源保护利用、天然橡胶工程等国家重点实验室为支撑，开展科技创新、国际合作和研究生培养。

建设一批热带农业科技国际联合实验室。与欧美澳发达国家建立联合实验室和研究中心，联合开展热带作物区域性、共性、前沿性热带农业重大关键技术等合作研究。重点推动中国—美国热带农业生物技术、中国—法国热带生物多样性研究、中国—德国智能农机装备、中国—澳大利亚热带农产品加工等国际联合实验室建设。

建设一批热带农业技术集成示范基地。在我国热区省区建设一批先进技术集成示范基地。新品种、新技术的展示示范基地。针对重点区域、重点国别和重点作物，在东南亚、南亚、中西亚、非洲、太平洋岛国等典型世界热区国家建设境外科学综合试验站。重点在菲律宾、柬埔寨、巴基斯坦、斯里兰卡、阿联酋、刚果（布）、莫桑比克、尼日利亚、密克罗尼西亚等国家布局建设科学综合试验站。

建设国家热带农业科技博览园。作为热带农业科技成果转化转移、国际热带农业产业示范、热带农业科普启智和教育培训的综合性园区。

设立热带农业科技创新专项资金

建立以政府为主体，持续、稳定、多元化投入机制，大幅提升热带农业科技创新投入，实现国家热带农业科技投入结构、投入规模、投入方向和投入方式的根本转变。财政部设立国家热带农业科技创新工程专项经费与运行保障经费；国家发展和改革委员会支持热带农业科技创新重大科技基础设施、重点平台建设；科技部在国家科技计划任务和国际合作重大计划等方面给予优先支持。

加快热带农业科技创新人才培养

突出“高、精、尖、缺”导向，加强战略科学家、科技领军人才的引进和培养。加大海外高层次人才引进，面向全球引进首席科学家等高层次创新人才，实行特殊政策，实现精准引进。在人才引培方面，聚集一批全球顶尖的科学家，培养一批中青年领军和骨干创新人才，造就一批具有国际视野的创新创业人才，为热带农业科技创新提供人才保障。在研究生培养方面，建设热带农业研究生院，设置热带作物学、农业资源与环境、食品科学与工程、材料科学与工程、海洋科学、动物医学等学科，构建支撑国家热带农业长远发展的综合性热带农业学科体系。

打造国家热带农业科学中心，引领世界热带农业发展

贯彻落实习近平总书记“4.13”讲话精神，着力打造国家热带农业科学中心。在发展定位上，紧扣国家科技发展战略，汇集国内外高端科技创新资源，突出“三个面向”，依托高度集聚、国际先进、相互关联的重大科技基础设施，打造世界一流的热带农业科技创新平台，培育世界一流的热带农业科学学科，汇聚一批世界一流的热带农业科技人才，突破一批热带农业重大科学难题和产业技术瓶颈。在创新领域上，突出热带特色，以热带农业、生物育种、深蓝渔业和动物卫生与营养为重点领域，瞄准热带农业科学前沿和热带农业发展的关键技术瓶颈，重点突破生物组学、基因编辑、合成生物学、分子设计育种、高通量检测等一批重大技术，解决南繁育种、深蓝渔业资源开发、热带动物疫病防控、热带动植物资源保护与利用等一批重大问题。将国家热带农业科学中心打造成知识创新空前活跃、技术创新全球领先、科技基础设施完备、创新人才高度密集，具有世界影响力和国际领先的科技创新高地，支撑引领热带农业发展。

参考文献

曾莉娟，韦家少，2006. 近十年世界腰果生产与贸易概况［J］. 中国热带农业（2）：30-32.

曾霞，郑服丛，黄茂芳，等，2014. 世界天然橡胶技术现状与展望［J］. 中国热带农业（1）：31-36.

佚名，［2014-05-21］常吃芒果有效预防乳腺癌和肠癌［EB/OL］. http://www.hxkfh.com/kangfuzhinan/20140521105736-895.html.

陈守才，邵寒霜，胡东琼，1994. 用 RAPD 技术鉴定橡胶树抗白粉病基因连锁标记［J］. 热带作物学报，199（2）：21-26.

陈元洪，胡奇勇，1999. 龙眼、荔枝主要病虫害及综合防治对策［J］. 福建农业科技（2）：26.

程宇航，2012. 阿拉伯人与阿拉伯椰枣［J］. 老区建设（17）：57-59.

董美超，岳建强，高俊燕，2013. 火龙果育种研究进展［J］. 热带农业科学（5）：56-59.

冯霞，林春花，康迅，2017. 橡胶树白粉病菌 OhPbs2 的克隆及功能分析［J］. 中国农业科学（1）：77-85.

郭朝铭，易克贤，2006. 剑麻遗传育种研究进展［J］. 广西热带农业（2）：42-45.

韩立民，白园园，于会娟，2016. 我国海藻产业发展思路与模式选择研究［J］. 中国海洋大学学报（社会科学版）（6）：1-6.

韩杨，孙慧武，刘子飞，等，2017.“一带一路”中国水产品贸易格局与渔业国际合作展望. 经济研究参考（31）：35-42.

贺熙勇，倪书邦，2008. 世界澳洲坚果种质资源与育种概况［J］. 中国南方果树，37（2）：34-38.

胡桂芳，2018. 推进食药用菌强国建设［J］. 中国发展观察（17）：48-51.

黄伟坚，梅新，梁李宏，等，2007. 5 个腰果高产无性系农艺经济性状比较［J］. 热带农业科学，27（4）：18-20，25.

黄艳，2006. 墨西哥芒果产业［J］. 世界热带农业信息（11）：1-4.

黄艳，2008. 世界剑麻生产现状及未来展望［J］. 中国热带农业（5）：25-27.

黄樟华，彭代勇，覃群明，2017. 台湾大红火龙果丰产栽培技术［J］. 甘肃农业科技（1）：91-92.

季昆，2013. 分子标记在可可基因库管理方面的应用［D］. 重庆：西南大学.

蒋玉峰，马代夫，2016. 国家甘薯产业技术体系建设推动甘薯产业和学科发展［J］. 江苏师范大学学报（自然科学版），34（3）：23-27.

金英姬，2016. 中国与印度尼西亚发展战略的对接与经济合作. 太平洋学报，24：31-42.

敬小军，朱健，姜海洲，等，2019.“一带一路”建设背景下的中非水产养殖产业合作分析［J］. 中国渔业经济，37：93-102.

康慧宇，杨正勇，张智一，2018. 我国海藻产业发展研究［J］. 海洋开发与管理，35（6）：11–14.
李冬霞，陈红新，朱焕焕，等，2019. 纳米科技如何影响农业，又将推动农业走向何方？［J］. 蔬菜（1）：1–12.
李慕菡，郝瑞姣，张黎，2017. "一带一路" 背景下中国——秘鲁渔业合作基础与展望［J］. 农业展望（13）：93–96，101.
李少昆，2013. 美国玉米生产技术特点与启示［J］. 玉米科学（3）：9–12.
李亚男，李荣福，黄家雄，等，2012. 咖啡主要栽培品种特性研究［J］. 安徽农业科学，40（35）：17 038–17 041.
李玉，2018. 中国食用菌产业发展现状、机遇和挑战——走中国特色菇业发展之路，实现食用菌产业强国之梦［J］. 菌物研究，16（3）：125–131.
梁淑云，吴刚，杨逢春，等，2009. 香荚兰属种质研究与利用现状［J］. 热带农业科学，29（1）：54–58.
刘传和，刘岩，2010. 我国菠萝生产现状及研究概况［J］. 广东农业科学（10）：65–68.
刘德兵，曾晓鹏，陈子妹，等，2007. 我国选育的番木瓜品种介绍［J］. 中国热带农业（1）：47–49.
刘海刚，2020. 温室火龙果栽培技术［J］. 现代农业（1）：54–55.
刘海清，姜文来，2015. 世界菠萝产业发展分析［J］. 农业展望，11（3）：49–53.
刘进平，邬华松，杨建峰，2009. 国内外胡椒品种述评［J］. 中国热带农业（1）：49–52.
刘孝永，王未名，封文杰，等，2013. 病虫害专家系统研究进展［J］. 山东农业科学，45（9）：138–143.
刘洋，高明杰，何威明，等，2014. 世界马铃薯生产发展基本态势及特点［J］. 中国农学通报，30（20）：78–86.
陆树华，谭艳芳，李冬兴，等，2018. 广西岩溶地区火龙果生态产业的培育及其发展［J］. 广西科学（5）：524–531.
吕海燕，王佳迪，莽琦，等，2018. 中国和墨西哥渔业科技合作前景探析［J］. 世界农业（8）：166–171，212.
吕玉平，2013. 中国生物种业发展的问题、机遇及策略［J］. 中国农业科技导报，15（1）：7–11.
马博，2017. 文莱 "2035 宏愿" 与 "一带一路" 的战略对接研究［J］. 南洋问题研究（1）：62–73.
马继宪，2015. 推进 "电商广西、电商东盟" 迎接广西 "互联网 +" 时代［J］. 广西经济（3）：40–41.
马剑凤，程金花，汪洁，等，2012. 国内外甘薯产业发展概况［J］. 江苏农业科学，40（12）：1–5.
美国贝克曼库尔特商贸（中国）有限公司. GeXP 在农业育种中的应用［EB/OL］.［2012–11–13］. https://www.docin.com/p–525650403.html.
缪苗，陈军，刘晃，等，2019. "一带一路" 视域下的中缅渔业合作潜力分析与发展策略［J］. 热带农业科学（39）：104–110.
缪苗，刘晃，陈军，等，2019. 一带一路背景下中国—菲律宾渔业合作前景分析［J］. 江苏农业科学（47）：332–336.
缪苗，刘晃，宿墨，等，2019. 一带一路背景下中泰渔业合作前景探析［J］. 农学学报，9（9）：61–67.
齐文娥，陈厚彬，罗滔，2019. 中国大陆荔枝产业发展现状、趋势与对策［J］. 广东农业科学，46

（10）：132–139.

钱好，张溢卓，蒋科技，等，2019.“一带一路”国家渔业科技合作现状及前景分析［J］. 世界农业（6）：4–11.

秦溱，2017. 番木瓜的应用价值与开发利用研究进展［J］. 食品工业，38（1）：234–237.

任则沛，陈影影，任航，等，2015. 1980—2012 年非洲水产养殖业发展时空变化研究［J］. 亚热带资源与环境学报，10（3）：48–55.

孙程旭，陈华，刘立云，等，2011. 椰子副产物的应用与发展［J］. 中国热带农业（1）：45–47.

孙德林，2018. 2017 年我国种猪引种情况分析［J］. 猪业科学，35（2）：55–56.

孙君健，2017. 澳大利亚与“海丝”倡议的对接及其前景［J］. 现代国际关系（6）：49–56.

孙林，李书民，2019. 2018 中国渔业年鉴［M］. 北京：中国农业出版社 .

孙长娇，崔海信，王琰纳，等，2016. 纳米材料与技术在农业上的应用研究进展［J］. 中国农业科技导报，18（1）：18–25.

佟毅，［2019–09–11］2018 年世界玉米产量 10.4 亿吨 中国约产 2.6 亿吨［EB/OL］. http://finance.sina.com.cn/money/future/roll/2019–09–11/doc–iicezueu5038726.shtml.

王彩梅，袁卫涛，2009. 植物提取物功能性产品的发展现状［C］. 北京：第二届中草药提取关键技术与提取物产业应用研讨会论文集 .

王飞，2020.“一带一路”背景下的中拉产能合作：理论基础与潜力分析［N］. 太平洋学报（28）：66–78.

王洪刚，鹿书强，李冰，等，2004. 秸秆尿素氨化技术的研究与应用［J］. 黑龙江畜牧兽医（9）：62–64.

王甲水，臧小平，马蔚红，2017. 油梨研究进展［J］. 中国南方果树（1）：148–155.

王伟，田荣荣，那立妍，等，2017. 基于 Ma xEnt 生态软件划分澳洲坚果的潜在地理适生区［J］. 林业科学研究，30（3）：444–449.

王震红，2010. 荔枝龙眼文化与产业发展［D］. 福州：福建农林大学 .

王志煌，唐敏敏，陈卫军，等，2017. 椰枣果醋的制备及抗氧化作用研究［J］. 中国调味品，42（1）：52–56.

吴才文，2007. 澳大利亚甘蔗家系选择技术简介［J］. 甘蔗糖业（1）：6–9.

吴刚，朱科学，王颖倩，等，2018. 面包果主要营养组分研究初报［J］. 中国热带农业（2）：39–44.

吴桂苹，房一明，谷风林，等，2015. 热烫处理对黑胡椒色泽和胡椒碱含量的影响［J］. 热带农业科学，35（4）：71–76.

吴焕章，郭赵娟，2018. 我国马铃薯主要良种及其高产栽培技术［J］. 当代蔬菜（12）：16–18.

吴江，牛立亭，2017. 绿色引领发展 生态创赢未来 中国首届生态肥料高效高产论坛暨湖北正道“生态树”战略体系启动仪式在湖北武穴举行［J］. 中国农资（49）：F0003.

肖红，易美华，2003. 椰子的开发利用［J］. 海南大学学报（自然科学版），21（2）：183–186.

校现周，2014. 我国气刺短线割胶技术发展策略与建议［J］. 中国热带农业（6）：9–10.

邢阳洋，2017. 黑龙江省马铃薯氮磷钾养分需求量特性［D］. 哈尔滨：东北农业大学 .

徐兵强，李琼，徐志，等，2012. 我国热带作物标准体系建设的主要措施及成效［J］. 农产品质量与安全

（4）：32–34.
徐中平，腾照军，王波，等，2012. 我国海藻生产与加工利用的现状・存在问题及发展策略［J］. 安徽农业科学，40（30）：14 961–14 963.
闫德利，2016. 2015 年世界电子商务发展综述［J］中国信息化（8）：84–88.
严灿，刘升，贾丽娥，等，2015. 蔬菜冷链物流技术研究进展［J］. 食品与机械（4）：260–265.
杨丽，2004. 国际果蔬标准化研究与启示［J］. 世界标准化与质量管理（5）：42–44.
余开超，易爱军，林莉，等，2019. “一带一路”倡议下海洋科技国际合作研究综述 . 大陆桥视野，35–37.
袁美兰，2011. 国外大米加工研究现状及进展［J］. 食品科技，36（2）：130–134.
张玲，傅玉凡，谢一芝，等，2011. 紫肉甘薯新品种渝苏紫 43 的产量表现及主要经济性状［J］. 园艺与种苗（3）：93–96.
张旭霖，2015. 纳米结构光学模式及其在光电器件中的应用研究［D］. 吉林：吉林大学 .
张英俊，王明利，黄顶，等，2011. 我国牧草产业发展趋势与技术需求［J］. 现代畜牧兽医 .
张跃彬，吴才文，2017. 国内外甘蔗产业技术进展及发展分析［J］. 中国糖料，39（3）：47–50.
张越，陈秀莲，2018. 中国与东盟国家海洋产业合作研究［J］. 亚太经济（2）：19–27.
赵苹，焦懿，赵虹，1999. 西番莲的研究现状及在中国的利用前景［J］. 21（3）：77–80.
赵艳龙，周文钊，陆军迎，等，2014. 剑麻种质资源斑马纹病抗性鉴定及评价［J］. 热带作物学报（4）：640–643.
郑重禄，2008. 油梨的生态适应性与栽培技术［J］. 中国南方果树（4）：29–31.
钟飞腾，2017. “一带一路”建设与中国花卉的国际合作［J］. 中国花卉园艺（18）：20–23.
周冲，周东阳，2020. “一带一路”背景下中国与拉美国家贸易潜力研究：基于引力模型的实证分析［J］. 工业技术经济（39）：63–71.
周登博，2013. 复合拮抗菌发酵液对香蕉枯萎病及土壤微生物区系的影响［D］. 海口：海南大学 .
朱德峰，程式华，张玉屏，等，2010. 全球水稻生产现状与制约因素分析［J］. 中国农业科学，43（3）：474–479.
朱江，2019. “一带一路”建设为渔业对外合作带来了新机遇［J］. 世界热带农业信息（2）：6–7.
佚名，2000. 拉丁美洲渔业现状［J］. 世界热带农业信息（1）：15–16.
作者，2011. 国外废旧橡胶循环利用新技术进展［J］. 广西节能（4）：34–36.
新华网，2014. 中沙科学家联手绘制椰枣基因组图谱［J］. 种业导刊（1）：36.
佚名，2015.［2015–04–16］椰子产品综合加工 [EB/OL]. . https://wenku.baidu.com/view/021ae752453610661ed9f4b0.html.
佚名，2017. 油棕“走出去”探讨［J］. 世界热带农业信息（4）：49–52.
佚名，2017.［2017–12–10］棕榈油行业上、下游产业链分析（棕榈油项目市场投资可行性研究报告—节选）［EB/OL］. http://www.cmrn.com.cn/scyj21/201712/1415183.html.
佚名，2018. 印度芒果允许进入澳大利亚［J］. 世界热带农业信息（10）：22.

佚名，2018-10-06.［2018-10-06］南药［EB/OL］. https://www.jianshu.com/p/2701dc6e73d8.

佚名，2018［2018-05-02］. 世界蔬菜地图：全球蔬菜贸易以本土市场为主［EB/OL］.http://news.cjveg.com/news.aspx?id=3075.

佚名，2014. DB 469006/ T 02—2014，兴隆咖啡 主要病虫害防治技术规范［S］. 万宁：海南省万宁质量技术监督局 .

佚名，［2002-07-10］. 果汁业：还有巨大成长空间［EB/OL］. http：//news.foodmate.net/2002/07/14666.html.

佚名，［2012-07-07］. 可可豆的生理特性及栽培技术［EB/OL］. https://www.docin.com/p-437163304.html.

佚名，［ 2019-01-10］. 农业部儋州热带牧草种质资源圃［EB/OL］.http://ctcgris.catas.cn/content-150.html.

佚名，［2014-02-19］. 全球花卉产业概况［EB/OL］.http://www.hm160.cn/20142/150802464.htm.

佚名，［2018-05-15］. 为什么发展绿色生态农业是必然的抉择？［EB/OL］.https://m.sohu.com/a/231688957_100127914.

佚名，［ 2008-11-13］. 我国人均果汁年消费量仅相当于世界平均水平 1/10［EB/OL］. http://www.shuiguobang.com/ html/73/n-24973.html.

佚名，［2019-04-28］. 西番莲，果可食［EB/OL］. http://www.360doc.com/content/19/0428/23/3014157_832171665.shtml.

佚名，［2011-11-08］. 香草兰栽培技术［EB/OL］. http://www.360doc.com/content/11/1108/23/2167049_162926756.shtml.

CAN—VAN TOAN，何新华，罗聪，2013. 越南火龙果生产与研究现状［J］. 安徽农业科学，41（28）11 305-11 308，11 321.

Giovanni Bubici1, Manoj Kaushal, Maria Isabella Prigigallo, et al., 2019. [2019-04-05]. Biological Control Agents Against Fusarium Wilt of Banana [EB/OL].https://doi.org/10.3389/fmicb. 00616.

Lin Jake, 2018. Small State, Smart Influence: China's Belt and Road Extended to New Zealand [M]. Springer International Publishing.

RAGONE D, 2011. Farm and forestry production and marketing profile for breadfruit (Artocarpus altilis) [J]. Specialty Crops for Pacific Island Agroforestry, 9(6): 1-17.

S. K. Hahn, E. R. Terry, K. Leuschner, 1980. Breeding cassava for resistance to cassava mosaic disease [J]. Euphytica, 29(3): 673-683.

Samar Sheat, Bettina Fuerholzner, Beate Stein, 2010. Resistance Against Cassava Brown Streak Viruses From Africa in Cassava Germplasm From South America [J]. Frontiers in Plant Science, 10: 1-11.

TANCHOCO C C, CRUZ A J, SUAREZ C A, et al., 2002. [2002-03-21]. Effect of coconut-derived MCT [medium chain triglycerides] oil supplementation on the endurance performance of healthy young Filipino athletes [EB/OL]. https://agris.fao.org/agris-search/search.do?recordID=PH2004000834.

附　件

附件 1

118 个国家或地区（典型热带国家 94 个、局部热带国家 24 个）分类

发展水平	国家或地区名称
非常高人类发展水平	马来西亚、新加坡、文莱、巴巴多斯、阿曼、阿联酋、沙特阿拉伯、澳大利亚、智利、阿根廷
高人类发展水平	泰国、马尔代夫、斯里兰卡、哥斯达黎加、巴拿马、古巴、多米尼加共和国、牙买加、特立尼达和多巴哥、格林纳达、多米尼加联邦、圣卢西亚、圣文森特和格林纳丁斯、苏里南、委内瑞拉、哥伦比亚、厄瓜多尔、秘鲁、圣基茨和尼维斯、伯利兹、安提瓜和巴布达、塞舌尔、加蓬、安哥拉、毛里求斯、斐济、纽埃、萨摩亚、汤加、帕劳、瑙鲁、马绍尔群岛、中国、利比亚、博茨瓦纳、巴拉圭、巴西、墨西哥
中等人类发展水平	菲律宾、印度尼西亚、东帝汶、越南、老挝、柬埔寨、危地马拉、洪都拉斯、萨尔瓦多、尼加拉瓜、圭亚那、玻利维亚、肯尼亚、佛得角、乍得、喀麦隆、赤道几内亚、刚果、圣多美和普林西比、赞比亚、留尼汪、库克群岛、密克罗尼西亚、瓦努阿图、基里巴斯、缅甸、印度、孟加拉、埃及、阿尔及利亚、西撒哈拉、莫桑比克、南非、纳米比亚
低人类发展水平	也门、海地、埃塞俄比亚、厄立特里亚、索马里、吉布提、坦桑尼亚、乌干达、卢旺达、布隆迪、苏丹、南苏丹、塞内加尔、冈比亚、布基纳法索、几内亚、几内亚比绍、塞拉利昂、利比里亚、科特迪瓦、加纳、多哥、贝宁、尼日尔、尼日利亚、中非、刚果民主共和国、津巴布韦、马拉维、科摩罗、巴布亚新几内亚、图瓦卢、所罗门群岛、马里、毛里塔尼亚、马达加斯加

附件 2

主要热带作物生产贸易统计数据——粮食作物类

项目	木薯	椰枣
面积	世界：2 634.23 万公顷，尼日利亚 25.8%、刚果（布）14.7%、泰国 5.1%、巴西 5.0%、乌干达 4.5%、莫桑比克 4.1%、安哥拉 3.8%、加纳 3.7%、坦桑尼亚 3.4%、科特迪瓦 3.3%	世界：133 万公顷；伊拉克 27.5%、伊朗 12.8%、阿尔及利亚 12.6%、沙特阿拉的 8.1%、巴基斯坦 7.4%、阿拉伯联合酋长国 4.9%、突尼斯 4.8%、摩洛哥 4.4%、埃及 3.7%、苏丹 2.8%
产量	世界：2.92 亿吨；尼日利亚 20.4%、刚果（布）10.8%、泰国 10.6%、印度尼西亚 6.5%、巴西 6.5%、加纳 6.3%、安哥拉 4.0%、柬埔寨 3.6%、越南 3.5%、莫桑比克 3.0%	世界：816.6 万吨；埃及 19.5%、伊朗 14.5%、阿尔及利亚 13.0%、沙特阿拉的 9.2%、伊拉克 7.6%、巴基斯坦 6.4%、阿拉伯联合酋长国 5.8%、苏丹 5.4%、阿曼 4.4%、突尼斯 3.2%
单产（吨 / 公顷）	老挝 32.10、苏里南 28.79、库克群岛 27.22、柬埔寨 26.98、印度尼西亚 24.45、斐济群岛 24.27、巴哈马 24.25、泰国 23.07、尼日尔 23.07、中国台湾 22.90	埃及 32.12、科威特 28.83、阿尔巴尼亚 27.05、土耳其 14.80、阿曼 14.66、马里 12.87、卡塔尔 11.96、苏丹 11.83、中国大陆（中国大陆指不含中国港、澳、台地区的中国其他地区，下同）11.73、以色列 10.19
产值	世界：342.80 亿美元。印度尼西亚 12.0%、尼日利亚 11.9%、莫桑比克 6.5%、越南 6.0%、巴西 5.3%、柬埔寨 5.2%、马拉维 4.9%、泰国 4.7%、贝宁 4.6%、喀麦隆 3.7%	
进口量	世界：1 265.25 万吨，中国 82.7%、印度尼西亚 3.1%、亚洲其他地区 2.7%、马来西亚 2.5%、韩国 2.2%、土耳其 2.0%、美国 1.4%、日本 1.3%、印度 0.4%、荷兰 0.2%	世界：61.52 万吨，伊朗 10.8%、巴基斯坦 9.7%、以色列 9.1%、阿尔及利亚 5.0%、法国 4.9%、阿曼 4.3%、美国 4.0%、荷兰 4.0%、德国 3.9%、约旦 3.4%
出口量	世界：211.43 万吨，哥斯达黎加 50.9%、巴拉圭 12.2%、印度尼西亚 9.4%、荷兰 4.3%、尼加拉瓜 2.5%、斯里兰卡 2.2%、德国 2.2%、巴西 2.1%、印度 1.8%、葡萄牙 1.6%	世界：91.97 万吨；印度 40.6%、摩洛哥 7.6%、斯洛文尼亚 6.5%、法国 4.1%、印度尼西亚 3.8%、土耳其 3.7%、马来西亚 2.9%、哈萨克斯坦 2.8%、英国 2.4%、德国 2.4%

主要热带作物生产贸易统计数据——油料作物类

项目	油棕	椰子
面积	世界：2 135.43 万公顷；印度尼西亚 43.4%、马来西亚 23.9%、尼日利亚 14.2%、泰国 3.5%、加纳 1.7%、科特迪瓦 1.7%、几内亚 1.5%、哥伦比亚 1.3%、厄瓜多尔 1.2%、洪都拉斯 0.8%	世界：1 230.39 万公顷，菲律宾 29.4%、印度尼西亚 26.5%、印度 16.9%、坦桑尼亚 6.0%、斯里兰卡 3.3%、巴西 1.8%、巴布亚新几内亚 1.7%、泰国 1.6%、墨西哥 1.5%、越南 1.2%
产量	世界：3.18 亿吨；印度尼西亚 49.9%、马来西亚 32.0%、泰国 4.6%、尼日利亚 2.4%、哥伦比亚 1.8%、厄瓜多尔 1.0%、喀麦隆 1.0%、加纳 0.8%、巴布亚新几内亚 0.8%、洪都拉斯 0.8%	世界：6 077.34 万吨，印度尼西亚 31.2%、菲律宾 23.1%、印度 18.9%、斯里兰卡 4.2%、巴西 3.9%、越南 2.5%、巴布亚新几内亚 2.0%、墨西哥 1.9%、泰国 1.5%、坦桑尼亚 0.9%
单产（吨 / 公顷）	哥伦比亚 20.47、马来西亚 19.91、泰国 19.28、喀麦隆 18.28、贝宁 17.65、印度尼西亚 17.07、巴西 15.07、哥斯达黎加 15.04、秘鲁 14.45、所罗门群岛 14.29	圭亚那 25.51、萨尔瓦多 20.46、汤加 19.66、秘鲁 13.65、苏里南 13.29、委内瑞拉 11.52、缅甸 11.23、巴西 10.86、越南 10.12、瑙鲁 9.99
产值	世界：1 512.12 亿美元；智利 50.0%、匈牙利 24.0%、格林纳达 18.5%、南非 3.0%、玻利维亚 1.1%、不丹 0.7%、肯尼亚 0.4%、文莱 0.4%、赤道几内亚 0.4%、约旦 0.3%	世界：203.02 亿美元；印度尼西亚 28.5%、菲律宾 22.5%、印度 14.5%、斯里兰卡 7.6%、越南 5.6%、巴西 3.5%、泰国 2.6%、中国大陆 2.1%、多米尼加共和国 2.0%、斐济群岛 1.5%
进口量	世界：4 460.72 万吨；印度尼西亚 65.2%、马来西亚 23.4%、荷兰 3.2%、危地马拉 1.8%、哥伦比亚 1.4%、洪都拉斯 1.0%、德国 0.9%、厄瓜多尔 0.7%、哥斯达黎加 0.4%、丹麦 0.2%	世界：130.87 万吨。印度尼西亚 78.4%、印度 6.6%、斯里兰卡 3.4%、马来西亚 3.0%、荷兰 2.6%、中国香港特别行政区 1.4%、德国 0.8%、美国 0.5%、缅甸 0.4%、比利时 0.4%
出口量	世界：3 749.39 万吨；印度 24.7%、中国 15.2%、荷兰 7.5%、巴基斯坦 7.4%、西班牙 5.2%、美国 4.8%、意大利 4.5%、德国 3.7%、俄罗斯联邦 2.5%、日本 2.1%	世界：105.40 万吨；中国 37.3%、马来西亚 17.4%、美国 8.1%、荷兰 4.6%、德国 2.6%、英国 2.5%、中国香港 2.5%、巴基斯坦 2.3%、澳大利亚 1.9%、伊朗 1.7%

主要热带作物生产贸易统计数据——重要经济作物类

项目	天然橡胶	甘蔗
面积	世界：1 173.93 万公顷；印度尼西亚 31.2%、泰国 26.8%、马来西亚 9.2%、中国大陆 5.8%、越南 5.6%、印度 3.9%、尼日利亚 3.2%、科特迪瓦 3.0%、缅甸 2.6%、菲律宾 1.9%	世界：2 597.70 万公顷；巴西 39.2%、印度 16.9%、中国大陆 5.3%、泰国 5.3%、巴基斯坦 4.7%、墨西哥 3.0%、澳大利亚 1.7%、菲律宾 1.7%、印度尼西亚 1.7%、哥伦比亚 1.5%
产量	世界：1425.28 万吨；泰国 32.3%、印度尼西亚 25.5%、越南 7.7%、印度 6.8%、中国大陆 5.7%、马来西亚 5.2%、科特迪瓦 4.1%、菲律宾 2.9%、危地马拉 2.2%、缅甸 1.7%	世界：18.42 亿吨；巴西 41.2%、印度 16.6%、中国大陆 5.7%、泰国 5.6%、巴基斯坦 4.0%、墨西哥 3.1%、澳大利亚 2.0%、哥伦比亚 1.9%、危地马拉 1.8%、美国 1.6%
单产（吨 / 公顷）	危地马拉 3.53、墨西哥 2.68、印度 2.11、菲律宾 1.80、越南 1.68、科特迪瓦 1.63、加蓬 1.51、泰国 1.46、厄瓜多尔 1.43、巴西 1.30	秘鲁 121.25、危地马拉 121.01、塞内加 118.03、埃及 112.70、马拉维 107.66、乍得 103.05、赞比亚 102.59、布基那法索 100.54、斯威士兰 96.14、尼加拉瓜 96.02
产值	世界：153.25 亿美元；泰国 40.4%、中国大陆 20.9%、印度尼西亚 9.9%、印度 7.9%、越南 6.9%、马来西亚 6.0%、科特迪瓦 3.6%、斯里兰卡 1.3%、菲律宾 1.1%、喀麦隆 0.6%	世界：873.12 亿美元；中国大陆 46.8%、巴西 18.0%、印度 8.5%、巴基斯坦 3.0%、柬埔寨 2.6%、泰国 2.1%、墨西哥 1.9%、毛里求斯 1.8%、菲律宾 1.7%、印度尼西亚 1.3%
进口量	世界：611.44 万吨；印度尼西亚 49.3%、马来西亚 10.4%、德国 6.9%、美国 4.6%、意大利 3.1%、法国 2.8%、缅甸 2.5%、危地马拉 1.9%、比利时 1.9%、加拿大 1.7%（缺泰国数据）	世界：2 817.69 万吨；巴西 82.8%、危地马拉 6.2%、萨尔瓦多 1.5%、南非 1.2%、尼加拉瓜 0.9%、哥伦比亚 0.8%、哥斯达黎加 0.8%、法国 0.7%、赞比亚 0.6%、斐济 0.5%
出口量	世界：2 457.47 万吨；印度尼西亚 17.8%、中国 11.4%、印度 10.3%、阿尔及利亚 9.0%、马来西亚 7.9%、韩国 7.1%、美国 6.1%、摩洛哥 4.7%、伊朗 3.5%、日本 2.7%	世界：2 457.47 万吨；印度尼西亚 17.8%、中国 11.4%、印度 10.3%、阿尔及利亚 9.0%、马来西亚 7.9%、韩国 7.1%、美国 6.1%、摩洛哥 4.7%、伊朗 3.5%、日本 2.7%

主要热带作物生产贸易统计数据——热带水果类

项目	香蕉	芒果、番石榴和山竹	腰果	菠萝
面积	世界 563.75 万公顷；印度 15.3%、坦桑尼亚 8.7%、巴西 8.3%、卢旺达 8.2%、菲律宾 7.9%、中国大陆 6.5%、布隆迪 3.3%、厄瓜多尔 2.8%、安哥拉 2.5%、乌干达 2.5%	世界：568.13 万公顷；印度 38.93%、中国大陆 10.35%、泰国 7.86%、印度尼西亚 3.57%、菲律宾 3.42%、墨西哥 3.32%、科特迪瓦 3.07%、巴基斯坦 2.98%、孟加拉国 2.80%、尼日利亚 2.37%	世界：653.44 万公顷；科特迪瓦 25.65%、印度 14.97%、巴西 14.95%、坦桑尼亚 8.41%、印度尼西亚 7.82%、贝宁 6.97%、越南 4.34%、几内亚比绍 4.25%、莫桑比克 2.55%、加纳 2.26%	世界：109.87 万公顷；尼日利亚 18.20%、印度 10.10%、泰国 7.87%、中国大陆 6.31%、菲律宾 6.02%、巴西 5.65%、安哥拉 5.60%、哥斯达黎加 4.05%、越南 3.34%、几内亚 2.91%
产量	世界：1.14 亿吨；印度 26.8%、中国大陆 9.8%、印度尼西亚 6.3%、巴西 5.9%、厄瓜多尔 5.5%、菲律宾 5.3%、安哥拉 3.8%、危地马拉 3.4%、哥伦比亚 3.3%、坦桑尼亚 3.1%	世界：5 064.91 万吨；印度 38.51%、中国大陆 9.46%、泰国 7.55%、印度尼西亚 5.07%、墨西哥 3.87%、巴基斯坦 3.33%、巴西 3.06%、孟加拉国 3.00%、埃及 2.67%、马拉维 2.61%	世界：537.50 万吨；巴西 25.41%、越南 16.06%、印度 13.86%、科特迪瓦 13.23%、菲律宾 4.14%、马里 3.13%、坦桑尼亚 3.06%、几内亚比绍 2.90%、贝宁 2.82%、莫桑比克 2.59%	世界：2 740.30 万吨；哥斯达黎加 11.15%、菲律宾 9.75%、巴西 8.23%、泰国 7.75%、印度 6.79%、印度尼西亚 6.55%、尼日利亚 5.99%、中国大陆 5.75%、哥伦比亚 3.98%、墨西哥 3.45%
单产（吨 / 公顷）	叙利亚 70.49、尼加拉瓜 65.81、印度尼西亚 60.19、南非 59.85、哥斯达黎加 59.48、土耳其 54.10、以色列 52.57、波多黎各 50.53、希腊 49.22、危地马拉 48.50	圭亚那 42.40、萨摩亚 37.85、以色列 26.63、瓜德罗普 23.14、苏丹 20.27、阿拉伯联合酋长国 20.20、马拉维 18.90、巴西 18.40、南非 18.39、巴哈马 17.87	菲律宾 7.77、秘鲁 5.39、马里 5.05、圭亚那 4.92、马达加斯加 3.23、越南 3.04、巴西 2.80、墨西哥 2.66、哥伦比亚 2.33、马来西亚 2.08	印度尼西亚 115.87、哥斯达黎加 68.68、加纳 63.08、贝宁 60.62、马拉维 57.36、科特迪瓦 53.24、中国台湾 51.22、多米尼加共和国 50.72、波多黎各 47.56、墨西哥 47.25

（续表）

项目	香蕉	芒果、番石榴和山竹	腰果	菠萝
产值	世界：385.44 亿美元；印度 21.1%、中国大陆 17.1%、巴西 11.1%、印度尼西亚 9.0%、卢旺达 5.3%、菲律宾 4.4%、厄瓜多尔 4.3%、坦桑尼亚 3.7%、哥斯达黎加 2.6%、哥伦比亚 2.4%	世界 299.66 亿美元；印度尼西亚 46.9%、哥斯达黎加 20.3%、加纳 11.8%、贝宁 4.2%、马拉维 2.9%、科特迪瓦 2.0%、中国台湾 1.5%、多米尼加共和国 1.4%、波多黎各 1.3%、墨西哥 1.3%	世界 37.09 亿美元；印度 13.5%、中国大陆 9.3%、泰国 8.7%、印度尼西亚 8.5%、巴基斯坦 5.6%、埃及 5.3%、孟加拉国 4.8%、菲律宾 4.6%、越南 4.0%、墨西哥 3.6%	—
出口量	世界：1 932.64 万吨；厄瓜多尔 33.2%、危地马拉 13.4%、哥斯达黎加 13.1%、哥伦比亚 10.4%、比利时 6.8%、美国 3.2%、洪都拉斯 3.1%、荷兰 3.0%、德国 1.8%、多米尼加 1.4%	世界 202.78 万吨；巴西 12.3%、荷兰 11.2%、秘鲁 8.8%、印度 8.7%、中国 5.3%、美国 4.7%、西班牙 4.2%、波兰 3.8%、厄瓜多尔 3.6%、伊朗 3.0%	世界 58.18 万吨；坦桑尼亚联合共和国 56.8%、印度 16.7%、印度尼西亚 10.5%、荷兰 6.6%、德国 2.5%、巴西 2.0%、美国 0.9%、比利时 0.8%、马达加斯加 0.8%、缅甸 0.4%	世界 377.49 万吨；哥斯达黎加 62.7%、荷兰 9.1%、印度尼西亚 5.6%、比利时 3.9%、美国 3.5%、厄瓜多尔 2.2%、洪都拉斯 1.6%、危地马拉 1.2%、德国 1.2%、西班牙 1.1%
进口量	世界：1 947.43 万吨；美国 18.7%、俄罗斯联邦 7.9%、比利时 7.4%、德国 7.3%、英国 6.3%、中国 5.3%、日本 5.1%、意大利 4.0%、荷兰 3.8%、伊朗 3.6%	世界 206.47 万吨；美国 19.2%、荷兰 11.5%、德国 8.0%、英国 6.7%、法国 5.2%、中国 4.4%、马来西亚 3.3%、葡萄牙 3.2%、西班牙 2.9%、日本 2.9%	世界 115.35 万吨；印度 61.2%、美国 13.3%、德国 4.7%、荷兰 3.8%、英国 2.0%、巴西 1.9%、澳大利亚 1.3%、中国 1.1%、比利时 1.0%、法国 0.9%	世界 423.33 万吨；美国 28.4%、荷兰 8.5%、德国 6.6%、西班牙 6.4%、英国 5.3%、法国 4.8%、日本 4.7%、意大利 4.5%、比利时 4.4%、中国 4.0%

主要热带作物生产贸易统计数据——香辛饮料类

项目	咖啡	可可	胡椒	香草
面积	世界：1 084.01万公顷；巴西16.6%、印度尼西亚11.6%、科特迪瓦8.5%、哥伦比亚7.4%、埃塞俄比6.4%、墨西哥5.9%、越南5.6%、洪都拉斯4.7%、印度4.1%、秘鲁3.9%	世界：1 174.81万公顷；科特迪瓦35.3%、印度尼西亚14.7%、加纳14.4%、尼日利亚10.1%、喀麦隆6.2%、巴西5.0%、厄瓜多尔4.0%、多米尼加1.3%、哥伦比亚1.2%、秘鲁1.2%	世界：56.83万公顷；印度尼西亚32.0%、印度23.2%、越南16.5%、斯里兰卡7.4%、巴西5.0%、中国大陆3.2%、马来西亚3.0%、马达加斯加2.0%、埃塞俄比1.4%、加纳1.0%	世界：9.86万公顷；马达加斯加74.2%、印度尼西亚15.4%、中国大陆5.9%、巴布亚新几内亚1.9%、墨西哥1.0%、乌干达0.4%、法属玻利尼0.4%、留尼汪岛0.3%、汤加0.3%、马拉维0.1%
产量	世界：921.22万吨；巴西29.1%、越南16.7%、哥伦比亚8.2%、印度尼西亚7.3%、洪都拉斯5.2%、埃塞俄比5.1%、秘鲁3.8%、印度3.4%、危地马拉2.7%、乌干达2.3%	世界：520.11万吨；科特迪瓦39.1%、加纳17.0%、印度尼西亚12.7%、尼日利亚6.3%、喀麦隆5.7%、巴西4.5%、厄瓜多尔4.0%、秘鲁2.3%、多米尼加共和国1.7%、哥伦比亚1.1%	世界：69.05万吨；越南36.6%、印度尼西亚12.6%、巴西11.5%、印度10.4%、保加利亚7.9%、中国大陆5.1%、马来西亚4.4%、斯里兰卡4.2%、墨西哥1.2%、马达加斯加0.9%	世界：0.81万吨；马达加斯加74.2%、印度尼西亚15.4%、中国大陆5.9%、巴布亚新几内亚1.9%、墨西哥1.0%、乌干达0.4%、法属玻利尼0.4%、留尼汪岛0.3%、汤加0.3%、马拉维0.1%
单产（吨/公顷）	马来西亚3.91、中国大陆2.84、塞拉利昂2.61、越南2.55、老挝1.86、马拉维1.73、加纳1.66、汤加1.51、巴西1.49、巴拉圭1.38	泰国2.78、危地马拉2.71、圣卢西亚1.65、多哥0.95、马达加斯加0.86、秘鲁0.84、斯里兰卡0.71、坦桑尼亚0.71、尼加拉瓜0.67、格林纳达0.64	塔吉克斯坦18.24、保加利亚16.36、哥斯达黎加9.80、柬埔寨6.52、卢旺达3.55、泰国3.11、巴西2.77、越南2.70、墨西哥2.55、秘鲁2.05	库克群岛1.11、肯尼亚0.72、汤加0.70、墨西哥0.54、乌干达0.52、津巴布韦0.43、瓜德罗普0.27、巴布亚新几内亚0.26、马拉维0.26、科摩罗0.25

（续表）

项目	咖啡	可可	胡椒	香草
产值	世界：161.22亿美元；巴西41.86%、越南15.54%、哥伦比亚8.85%、印度尼西亚5.90%、洪都拉斯5.15%、印度4.73%、埃塞俄比3.74%、秘鲁2.86%、尼加拉瓜1.95%、中国大陆1.83%	世界：54.14亿美元；科特迪瓦30.54%、印度尼西亚22.67%、喀麦隆10.25%、厄瓜多尔7.54%、加纳7.26%、巴西5.56%、秘鲁4.68%、多米尼加3.86%、哥伦比亚2.46%、多哥1.82%	—	世界：0.16亿美元；中国大陆51.59%、土耳其23.23%、墨西哥17.19%、印度尼西亚7.80%、肯尼亚0.10%、马拉维0.08%、库克群岛0.01%、
出口量	世界：645.43万吨；巴西26.92%、哥伦比亚11.48%、德国10.39%、洪都拉斯6.69%、印度4.75%、比利时4.11%、秘鲁3.81%、意大利3.55%、危地马拉3.15%、印度尼西亚2.70%	—	世界：22.40万吨；巴西26.56%、印度尼西亚19.06%、印度8.16%、德国6.92%、斯里兰卡5.94%、美国5.78%、马来西亚5.44%、荷兰3.62%、法国2.58%、南非2.421%	—
进口量	世界：778.99万吨；美国22.69%、德国15.19%、意大利7.62%、日本5.64%、法国4.83%、比利时4.15%、荷兰3.62%、俄罗斯联邦3.18%、波兰2.34%、瑞士2.182%	—	世界：29.39万吨；美国22.40%、德国11.13%、印度10.35%、英国4.67%、法国3.68%、荷兰3.50%、西班牙3.35%、巴基斯坦3.04%、俄罗斯联邦2.79%、日本2.79%	—

主要热带作物生产贸易统计数据——其他类作物

项目	剑麻	槟榔
面积	世界：21.79万公顷；巴西38.9%、坦桑尼亚20.7%、肯尼亚12.0%、海地9.1%、马达加斯加6.4%、墨西哥4.3%、摩洛哥1.8%、中国大陆1.1%、莫桑比克1.0%、几内亚0.9%	世界：95.55万公顷；印度47.6%、孟加拉国20.6%、印度尼西亚14.8%、缅甸6.6%、中国台湾4.7%、泰国2.4%、斯里兰卡2.0%、不丹0.9%、尼泊尔0.4%、马来西亚0.0%
产量	世界：20.22万吨；巴西39.4%、坦桑尼亚16.0%、肯尼亚11.6%、马达加斯加8.7%、墨西哥8.4%、中国大陆6.3%、海地5.5%、委内瑞拉0.9%、摩洛哥0.8%、南非0.5%	世界：133.71万吨；印度54.1%、缅甸11.0%、印度尼西亚10.2%、孟加拉国8.9%、中国台湾地区7.6%、斯里兰卡3.5%、泰国2.9%、尼泊尔1.1%、不丹0.7%、马来西亚0.02%
单产（吨/公顷）	中国大陆5.23、委内瑞拉2.17、墨西哥1.83、乌干达1.70、中国台湾地区1.40、马达加斯加1.27、印度尼西亚1.19、安哥拉1.09、巴西0.94、肯尼亚0.90	尼泊尔3.67、马来西亚3.49、斯里兰卡2.47、缅甸2.34、中国台湾地区2.28、泰国1.70、印度1.59、不丹1.05、马尔代夫0.99、印度尼西亚0.97
产值	0.93亿美元；肯尼亚48.09%、巴西32.87%、中国大陆9.90%、墨西哥5.62%、摩洛哥1.56%、南非0.96%、埃塞俄比0.62%、牙买加0.20%、印度尼西亚0.11%、莫桑比克0.06%	世界：21.5亿美元；印度77.57%、孟加拉国16.16%、泰国2.76%、斯里兰卡1.84%、印度尼西亚1.12%、尼泊尔0.34%、不丹0.14%、马来西亚0.04%、肯尼亚0.02%、马尔代夫0.001%
出口量	—	世界：28.62万吨；印度尼西亚79.63%、缅甸14.57%、斯里兰卡3.78%、印度1.41%、马来西亚0.52%、荷兰0.02%、秘鲁0.02%、亚洲其他地区0.01%、英国0.01%、中国香港0.009%
进口量	—	世界11.83万吨；巴基斯坦83.43%、印度11.43%、马来西亚1.98%、美国0.76%、亚洲其他地区0.59%、马尔代夫0.52%、中国0.42%、缅甸0.30%、斯里兰卡0.20%、南非0.10%

注：产量、面积、单产和产值来自FAO；贸易数据来自：UNcomtrade，除产值为2016年数据外，其他均为2017年的数据

附件 3

世界主要热带农业科研机构概况

区域	科研机构	科研机构（英文）	主要职能	网址
亚洲	马来西亚棕榈油研究所	The Palm Oil Research Institute of Malaysia, PORIM	组织与管理棕榈油和油棕树及其相关领域	http://mpob.gov.my
亚洲	马来西亚胡椒学会	Malaysian Pepper Board, MPB	强化科技研发、提高胡椒生产量、强化市场营销链	http://www.mpb.gov.my
亚洲	马来西亚可可学会	The Malaysian Cocoa Board, MCB	开展研发活动、进行市场开发、调控与监管质量、发展目标群体、拓展业务和转让技术	http://www.koko.gov.my
亚洲	马来西亚橡胶学会	The Malaysian Rubber Board, MRB	橡胶树培植、天然橡胶浓缩与加工、橡胶产品生产和营销等	http://www.lgm.gov.my
亚洲	马来西亚农业发展研究院	Malaysian Agricultural Research and Development Institute, MARDI	主要开展战略资源、园艺、机械化与自动化、食品科学、畜牧战略、水稻与工业作物、生物技术等方面的研究	http://www.mardi.gov.my
亚洲	越南油料作物研究所	The Oil Plants Institute of VietNam, OPI	收集所有椰子种类的椰子种质	http://www.opi.vn
亚洲	越南南方农业科学研究所	Institute of Agricultural Science for Southern Vietnam, IASVN	研究作物和动物的品种筛选和培育、病虫害防治、农作物和畜牧生产技术，可持续发展农业系统的提高和建立，生态环境保护，农产品和动物饲料贮存和加工，市场经济，农业和农村结构，农业研究和技术人员培训，农业科学技术国际合作研究等	http://www.iasvn.org
亚洲	泰国农业大学	Kasetsart University, KU	培养农学、林业、科学合作、渔业、作物栽培学和畜牧学人才	http://www.ku.ac.th

（续表）

区域	科研机构	科研机构（英文）	主要职能	网址
亚洲	斯里兰卡椰子研究所	The Coconut Research Institute of Sri Lanka, CRISL	为斯里兰卡椰子产业的可持续发展提供强有力的科技支撑；开发科学的粮食生产技术，通过战略性、基础性和应用性研究促进粮食增产；组建国家基因资源，优质种子，先进品种贮藏库；发展以椰子生产为基础的环保型生态型农业系统；加快将先进科技转化为实际生产力；整理传播关于椰子及其相关学科的技术信息	http://www.cri.lk
亚洲	印度农业研究理事会	Indian Council of Agricultural Research, ICAR	不断致力于加强农业粮食生产、园艺作物、渔业产量、奶业产量、国家粮食和营养安全等领域科学技术发展的优势，并且拥有在农业领域受到国际普遍认可的科学家队伍	http://www.icar.org.in
亚洲	印度大宗作物研究所	The Central Plantation Crops Research Institute, CPCRI	通过基础研究和应用研究发展椰子、槟榔及可可的生产、保存和加工技术；为国家提供以上作物的种质资源；提供育种亲本；通过有效利用自然资源，完善耕作制度，提高棕榈植物单位面积生产力；收集、分析和发布大宗作物相关信息；协调国内大宗作物的研究并在印度棕榈协调研究项目框架下执行研究方案；向农民转让取得的新技术	http://www.cpcri.gov.in
亚洲	印度炳．奈斯博士农业科学基金会	Dr. Prem Nath Agricultural Science Foundation, PNASF	优先发展种质资源、遗传育种、农业技术、创新方案技术和销售等项目领域	http://www.pnasf.org
非洲	科特迪瓦国家农业研究中心	The National Agricultural Research Centre, CNRA	促进农业生产和农产品加工业可持续发展，开展对农作物、畜牧业、林业、生态系统的科技创新研究，将科学技术成果转化为公共企业或农民利益，最大可能地利用农业研究技术及所有资源发展该国农业生产	http://www.cnra.ci
非洲	南非甘蔗研究所	The South African Sugarcane Research Institute, SASRI	从事农作物品种改良、作物保护、作物生产与管理、系统设计与优化研究	http://www.sasa.org.za
非洲	南非农业研究理事会	Agriculture Research Council, ARC	开展农业研究，促进农业发展和技术转让	http://www.arc.agric.za

（续表）

区域	科研机构	科研机构（英文）	主要职能	网址
非洲	肯尼亚农业研究所	The Kenya Agricultural Research Institute, KARI	集中进行粮食作物、园艺和经济作物、牲畜和放牧管理，土地和用水管理、以及社会科学的研究	http://www.kari.org
非洲	肯尼亚内罗毕大学	The University of Nairobi, UON	研究包括经营活动在内的灌溉和雨养条件下的植物生长情况，以及研发技术的传播	http://www.uonbi.ac.ke
拉丁美洲	哥伦比亚咖啡生产者协会	Colombian Coffee Growers Federation, FNC	通过多种方式以提高哥伦比亚咖啡生产者的生活质量，在其他领域为哥伦比亚的咖啡生产者提供支持	http://www.federaciondecafeteros.org
拉丁美洲	哥伦比亚甘蔗研究中心	Colombian Sugarcane Research Center, Cenicaña	通过在甘蔗品种、园艺、工厂加工、经济数据分析方面进行研究，提供技术转让和独特的配套服务，为甘蔗产业提供科技和信息支持，推动社会经济发展	http://www.cenicana.org
拉丁美洲	阿根廷农业技术研究所	National Institute for Agricultural Technology, INTA	通过科学研究、技术开发和推广，开展相关活动以实现农业、畜牧业、农产品和农业产业部门的创新，增强农业产业链的竞争力，同时达到保护环境和维持生产系统的可持续发展，最终达到推动社会公平和地区发展的目的	http:// www.inta.gov.ar
拉丁美洲	阿根廷农作物生理生态研究所	Agricultural Plant Physiology and Ecology Research Institute, IFEVA	利用卫星图像来观察植物对小范围生态系统功能进行评估；利用包括气候土壤及土地信息数据库来评估碳水循环对生产活动的作用；具体研究农场和农田使用对动植物分布的影响，尤其关注其演变机制和生物入侵；研究农作物响应生物和非生物胁迫以及在生态系统中的相互作用	http://www.ifeva.edu.ar
拉丁美洲	巴西农牧研究院	The Brazilian Agricultural Research Corporation, EMBRAPA	主要开展大田作物、设施农业、森林、园艺、畜牧等方面的研究开发	http://www.embrapa.br
大洋洲	澳大利亚国际农业研究中心	Australian Centre for International Agricultural Research, ACIAR	进行帮助发展中国家提升农业持续发展能力的研究；资助培训项目；交流研究成果；资助农业研究项目	http://www.aciar.gov.au
大洋洲	澳大利亚迪肯大学	Deakin University, DU	研究解决原料制造行业的突出问题，研究领域现已扩展到汽车先进材料和航空航天应用材料，功能性纤维和产业用纺织品及生物材料等领域	http://www.deakin.edu.au

附件 4

热带农业主要国际组织一览

序号	机构名称	总部所在地	工作宗旨
一、热带农业科技国际组织			
1	联合国粮农组织（FAO）	意大利	提高成员国国家人民的营养水平和生活标准，改善所有食品和农业产品的生产和分配，改进农村人口生活条件，由此对世界经济的增长和保证人类免于饥饿做出贡献
2	国际农业合作组织（ICAO ）	韩国	通过举行国际研讨会来交流专业领域的工作经验；促进发展中国家的农业合作以增强食品安全；提高农产品的分配情况；采取具体措施来保护环境
3	国际农作物科学学会（ICSS）	美国	促进农作物科学家之间的交流；促进农业产量持续提高，而这种产量的提高又必须是质和量方面的双重提高，以便满足人类对食物和工业原料的需求
4	国际园艺科学学会（ISHS）	比利时	促进和鼓励各部门园艺科学的研究和教育，并在全球范围内通过举办研讨会，出版学术刊物和进行科技合作来促进园艺领域各个学科的发展
5	国际作物生命协会（CFI）	比利时	为同行提供透明的信息，并欢迎与在粮食和农业的未来话题上志同道合的伙伴开展公开对话
6	世界畜产协会（WAAP）	意大利	通过国际间合作，回顾畜牧生产中存在的如科学、技术和教育方面的各种问题，并以解决这些问题为目的，促进世界畜牧生产大会的召开
7	国际观赏植物业组织（Fleuroselect）	荷兰	测试、保护和开发花的新品种
8	热带雨林联盟（RA）	美国	促进和保证农业发展。比如在热带水果方面，该组织着重研究香蕉、菠萝、芒果、鳄梨、番石榴和柑橘
9	国际热带木材组织（ITTO）	日本	调和热带雨林减少的威胁和热带国家经济发展之间的矛盾
10	国际橡胶研究与发展委员会（IRRDB）	马来西亚	在一个灵活而谨慎的信息平台上加强联系；共享各成员的经验，共同应对出现的问题；避免重复工作，集中成员的经济资源来解决对于某一个成员来说无法应对的研究活动
11	天然橡胶生产国协会（ANRPC）	马来西亚	通过不断提高橡胶产量、降低成本、增加附加值来提高胶农福利，建立一个经济上可行的、社会和生态可持续的天然橡胶工业
12	国际橡胶研究组织（IRSG）	新加坡	建立商讨关于天然橡胶和合成橡胶供应和需求等方面问题的平台，为橡胶产业提供包括天然橡胶及橡胶产品生产、消费和贸易等方面的权威数据统计和分析

（续表）

序号	机构名称	总部所在地	工作宗旨
13	国际热带水果网（ITFN）	马来西亚	促进热带水果产业可持续发展，并将这种发展与产品生产、保鲜、加工、销售、消费和世界贸易紧密联系起来
14	国际香大蕉改良网络组织（INIBAP）	法国	组织和协调全球香蕉种质资源的保存、评价、改良和测试；促进世界各国在香蕉生产方面的合作与联系；支持和资助香蕉资源收集和信息交流合作
15	全球香大蕉改良组织（ProMusa）	法国	加强国际病理学家和香蕉育种者之间的联系，以提高育种技术，促进香蕉产业的发展
16	国际椰子遗传资源网（COGENT）	意大利	通过提高椰子栽培技术和椰子的有效利用，提高椰子产量，促进椰子的可持续发展，增加发展中国家的收入
17	国际热带农业生物技术实验室（ILTAB）	美国	开发热带植物生物技术及其产品，用知识和资源来促进热带地区国家的发展
18	国际植物生理学协会（IAPP）	澳大利亚	促进植物生理学在世界范围内的发展
19	国际植物病理学会（ISPP）	英国	促进世界植物病理学的发展，传播植物病害防治和植物保健知识
20	国际植物保护科学协会（IAPPS）	美国	在全球范围内开展论坛，讨论适应经济、环境、社会协调发展的植物保护概念、技术和政策，在研究人员、专家、种植者、政策制定者和管理者之间推动植物保护信息的发展和交流
21	国际生物化学与分子生物学联盟（IUBMB）	英国	促进国际间生物化学的研究和发展；促进国际上生物化学名词、符号和方法方面的标准化；促进国际范围内生物化学学科水平的提高和国际间的联系和合作
22	国际农业工程学会（CIGR）	比利时	促进科技进步，推动生物产品和农村发展；鼓励教育和培训以及青年专业工作者的国际交流；支持和鼓励国际或国家之间的科技以及战略性课题的合作；提供传播和应用农业工程知识；成为世界范围内农业工程师和专业技术人员的主要代表
23	国际食品科学技术联盟（IUFoST）	英国	在成员组织的科学家和专家之间进行国际合作和科学技术情报交流；支持食品科学在理论和应用领域的国际进展；提高食品加工、制造、保藏和销售技术；促进食品科学技术的教育和培训
24	国际微生物学学会联盟（IUMS））	法国	促进国际间微生物学科研究的发展和协作；出版相关学科刊物和建立奖学金；经常组织国际微生物学大会、会议和专题讨论会；加强国际微生物学学会联盟与其他国际组织之间的联系

（续表）

序号	机构名称	总部所在地	工作宗旨
25	国际土壤科学联合会（IUSS）	意大利	促进土壤学的各个分支学科的发展及其应用；促进科学家以及土壤科学研究和应用工作者之间的联系；推动土壤研究以及研究的进一步应用，造福人类
二、国际农业研究磋商组织（CGIAR）			
1	国际热带农业中心（CIAT）	哥伦比亚	在热带发展中国家为技术创新提供科学服务，从而促进农业生产的持续提高，同时保护自然环境，最终为改善饥饿和贫穷做贡献
2	国际热带农业研究所（IITA）	尼日利亚	通过发展研究，为提高非洲食品安全和人民生活水平做出贡献；保持生物多样性和可持续发展；通过基因改进生产成果，降低成本；通过农业多样化提高产品价值，改善农村贫困；实现水资源、土地资源和森林资源的可持续利用和管理以及改进政策和进行制度创新
3	国际干旱地区农业研究中心（ICARDA）	叙利亚	力求增加干旱地区的作物产量，提高农村生活水平
4	国际半干旱地区热带作物研究中心（ICRISAT）	印度	基于亚洲和撒哈拉沙漠以南地区的农业研究，促进地区发展，以帮助贫困人口克服饥饿和生活环境恶化
5	国际粮食政策研究所（IFPRI）	美国	通过对农业、畜牧业、林业、渔业、政策及自然资源管理等方面的科学研究和相关活动，来寻求克服饥饿和贫困的可行性方法，为每个人提供充足而安全的食物，解决营养不良问题，以保障人类的基本权利
6	国际水资源管理研究所（IWMI）	斯里兰卡	通过采取先进的政策、技术、机构设置和管理办法，承担全球范围的研究和项目，以改进水资源和灌溉管理
7	国际林业研究中心（CIFOR）	印度尼西亚	通过研究给政策制定者提供专家分析以帮助政策制定者制定能够提高热带雨林管理和使用水平的合理性政策，帮助人们转变对待森林的传统看法
8	世界农用林学中心（ICRAF）	肯尼亚	改善发展中国家人民的社会、经济和营养条件，通过研究及相关的活动，把多年生树木的营造与农业及相关土地利用制度结合起来，以便提高生产力、增加效益和保护自然资源
9	国际畜牧研究所（ILRI）	肯尼亚	开展关于家畜与贫困问题相关方面的工作，开展高质量的科学研究和科研能力建设，致力于贫困养殖户及其社区的脱贫减困和可持续发展

（续表）

序号	机构名称	总部所在地	工作宗旨
10	世界渔业中心（WFC）	马来西亚	为非洲、亚洲和南太平洋地区的水产业和渔业提供科学的服务和解决方案以帮助其解决贫困、饥饿以及环境恶化问题
11	国际生物多样性中心（Bioversity）	意大利	通过与世界各相关组织的合作来解决因微量营养素流失而导致的营养不良问题以及隐蔽性饥饿、食物供应和耕种系统的持续性、保持农业多样性等问题
12	国际玉米小麦改良中心（CIMMYT）	墨西哥	通过从事玉米、小麦的研究，为发展中国家造福；通过强有力的科研工作和有效的合作，共同创造、分享和利用知识及技术，以保证发展中国家的粮食安全，提高种植制度的生产力和收益率，保护自然资源的可持续发展
13	国际马铃薯中心（CIP）	秘鲁	通过马铃薯、甘薯和其他安第斯块根、块茎类作物的研究与开发，对安第斯地区自然资源的有效管理，帮助发展中国家提高块根、块茎类作物的生产能力，在可持续发展的基础上减少发展中国家的贫困，并保证这些国家的粮食安全
14	国际水稻研究所（IRRI）	菲律宾	缓解贫穷和饥饿状况，提高水稻生产质量和购买者的健康状况，保证水稻产量持续增长
15	非洲水稻中心（Africa Rice）	贝宁	通过研究与合作活动，提高以水稻为主的种植制度的持续生产力，同时保护自然资源，特别是为非洲地区贫困农村和粮食安全提供保障
三、热带农业科技区域组织			
1	东南亚国家联盟（ASEAN）	泰国	加快东南亚地区经济的增长、社会的发展以及文化水平的提高
2	亚太经济合作组织（APEC）	新加坡	加快亚太区域的经济增长和繁荣、增强亚太共同体的力量。与世界贸易组织或其他多边贸易机构不同的是，亚太经济合作组织对参与者没有条约义务要求
3	亚太地区农业科研机构协会（APAARI）	泰国	通过区域间和机构之间的合作促进国家农业研究系统在亚太地区的发展
4	亚太湿热带地区杂粮、豆类、薯类作物研究和开发区域协调中心（CGPRT）	印度尼西亚	为联合国亚太经济社会委员会成员国杂粮、豆类和薯类作物生产和贸易的发展提供技术服务，以解决粮食问题，开拓就业渠道，增加农民收入和营养水平，促进畜牧业和其他相关产业的发展

（续表）

序号	机构名称	总部所在地	工作宗旨
5	亚太椰子共同体（APCC）	印度尼西亚	促进、协调椰子产业的所有活动，帮助成员国发展其椰子产业
6	亚太昆虫学会常设理事会（APCE）	泰国	开展该地域的昆虫学学术交流与合作
7	东部和中部非洲生命科学中心（BecA）	肯尼亚	提高东部和中部非洲科学家的能力，进行生命科学研究，提高当地农业生产力，为提高农民的生活水平做出重要贡献
8	东部和中部非洲农业研究发展协会（ASARECA）	乌干达	通过提高当地农业研究能力，发展可持续高产农业，达到促进经济增长，保障粮食安全和提高农产品出口竞争力的目的
9	西部和中部非洲农业研究与发展委员会（CORAF/WECARD）	塞内加尔	通过提高当地农业研究体制，促进农业经济增长，持续减少西部和中部非洲的贫困状况，解决粮食安全问题
10	东部和南部非洲香蕉研究网络（Barnesa）	乌干达	和东部及中部非洲一起使香蕉在保障粮食安全和促进经济发展方面发挥作用
11	美洲农业合作研究所（IICA）	哥斯达黎加	支持成员国发展农业科技、促进农业交易和地区农业的发展、保障粮食安全、实现自然资源和环境的可持续管理、鼓励农业科技创新的交流，从而实现农业发展和贫困人口生活水平的提高
12	热带农业研究与高等教育中心（CATIE）	哥斯达黎加	通过农业综合管理和环境保护来减少贫困
13	欧洲农学学会（ESA）	法国	促进农业科学的发展、增进欧洲内部关注农业研究和发展的个人和组织间的交流、帮助发表农业新闻杂志、鼓励为农业科学家和技术人员提供农业培训机会、与其他具有相似目标的科学研究组织进行合作
14	欧洲农业知识发展联盟（AGRINATURA）	捷克	致力于农业研究、教育、培训以及提高发展能力的工作

附件 5

中国主要走出去企业境外农业投资信息一览

序号	企业名称	主营业务	投资国别 / 地区	境外农业投资活动
1	中粮集团有限公司	粮油贸易与加工，食品加工与销售，地产业务、金融业务、乳制品	巴西、俄罗斯、印度、南非等	食品、油脂、乳业、纺织品、服装等贸易
2	光明食品（集团）有限公司	食品农业、乳制品	新西兰、澳大利亚、法国、意大利、以色列、西班牙、中国香港特别行政区等	乳制品、麦片、橄榄油、葡萄酒等水产与贸易
3	海南天然橡胶产业集团股份有限公司	天然橡胶	新加坡、老挝、印度尼西亚	橡胶种植、加工与贸易
4	新希望六和股份有限公司	饲料、养殖、肉制品及金融投资、商贸	越南、菲律宾、孟加拉国、印度尼西亚、柬埔寨、斯里兰卡、新加坡、埃及、美国等	饲料生产、种禽繁育、食品加工、原料贸易
5	山东如意科技集团有限公司	纺织服装制造；棉、化纤纺织及印染精加工；棉花、羊毛及其他纺织原料辅料的收购、加工及销售	澳大利亚	棉花种植、加工与贸易
6	中化国际（控股）股份有限公司	化工业	新加坡、印度尼西亚、科特迪瓦、荷兰、美国、英国、德国、马来西亚、刚果（金）、泰国、喀麦隆	天然橡胶、种植园、贸易分销
7	雷沃重工股份有限公司	拖拉机、收割机、装载机、挖掘机、三轮汽车、摩托车生产销售	意大利、日本	农业装备、工程机械、车辆、核心零部件、金融
8	中国化工农化有限公司	农药、化肥生产经营和开发	以色列、瑞士	农用化工品、农化及种子
9	中国水产有限公司	提供有关渔业的咨询、勘察和设计；水产品的捕捞；水产品及制品的贮存、销售；渔船、渔机及渔需物资的销售；渔业技术的开发、转让、服务	几内亚比绍、塞内加尔、毛里塔尼亚、摩洛哥	渔业捕捞、新造船

（续表）

序号	企业名称	主营业务	投资国别 / 地区	境外农业投资活动
10	大康国际农业食品股份有限公司	农产品进出口贸易	新西兰、巴西	现代农业（畜牧业）
11	广东省广垦橡胶集团公司	天然橡胶种苗培育、种植、加工、销售、贸易	马来西亚、泰国、柬埔寨	天然橡胶种植、加工以及贸易
12	内蒙古伊利实业集团股份有限公司	乳制品	新西兰	乳制品
13	广东海大集团股份有限公司	饲料、添加剂的生产和技术开发、技术服务等业务	越南、印度尼西亚、印度、新加坡、美国	生产加工或种养殖类
14	通威股份有限公司	饲料、多晶硅、太阳能电池片	越南、孟加拉、印度尼西亚	加工制造
15	上海水产集团有限公司	远洋渔业	摩洛哥、毛里塔尼亚、阿根廷、斐济、马绍尔、基里巴斯、西班牙、新加坡、中国香港特别行政区	渔业捕捞、水产加工、水产贸易、海上运输
16	云南农垦云橡投资有限公司	项目投资及对所投资项目进行管理；国内贸易、物资供销	老挝	橡胶种植和加工
17	如皋市双马化工有限公司	化工产品生产、销售	印度尼西亚	农林牧副渔业
18	山东美佳集团有限公司	加工、销售冷冻水产品、蔬菜制品	日本、英国、马来西亚、印度尼西亚	水产品
19	一拖国际经济贸易有限公司	农业机械	白俄罗斯、法国、科特迪瓦、南非	农机装配
20	中国农垦（集团）有限公司	预包装食品销售、粮食收购、进出口	赞比亚、几内亚、乌克兰、柬埔寨、澳大利亚	种植、养殖
21	新疆生产建设兵团建设工程（集团）有限责任公司	房屋建筑工程施工总承包特级；铁路工程施工总承包壹级；水利水电工程施工总承包壹级	安哥拉	种植、养殖、加工厂配套基础设施、基础建设
22	天津食品集团有限公司	农牧业、食品加工业、商贸物流业、房地产业	保加利亚	小麦、向日葵、油菜等种植

（续表）

序号	企业名称	主营业务	投资国别 / 地区	境外农业投资活动
23	山东锦昉棉业科技有限公司	棉花收购加工，纺纱，棉花、棉纱、矿石、化学原料等货物进出口贸易	津巴布韦、巴基斯坦	棉花种植加工、园区
24	北京颖泰嘉和生物科技股份有限公司	农化产品、农药中间体、植保	美国、加拿大、阿根廷、巴西、墨西哥和欧洲	植保
25	天津聚龙嘉华投资集团有限公司	棕榈油生产营销	印度尼西亚	棕榈油种植、加工与贸易
26	辽宁禾丰牧业股份有限公司	饲料生产销售	尼泊尔、印度、菲律宾、伊朗、印度尼西亚	投资建厂
27	广东恒兴饲料实业股份有限公司	饲料的生产、销售	越南、印度尼西亚、马来西亚、印度	饲料加工与销售、水产种苗繁育与销售、种苗、动保产品销售
28	内蒙古鹿王羊绒有限公司	羊绒衫、羊绒围巾、羊绒披肩、羊绒大衣等羊绒系列产品、加工、销售	马达加斯加、柬埔寨	羊绒纺织业
29	宏东渔业股份有限公司	远洋捕捞	毛里塔尼亚	渔业、造船
30	湖北省联丰海外农业开发集团有限责任公司	海外农业开发	莫桑比克、乌克兰、马拉维、津巴布韦、肯尼亚、阿根廷、古巴、澳大利亚、马来西亚、澳大利亚、埃塞俄比亚	境外土地开发、承包；农副产品开发及农业技术合作；境外农业工程承包、施工；对外经援项目承建、配套服务；商品、技术及本公司境外经营所需生产资料、机械设备的进出口
31	东风井关农业机械有限公司	农业机械	东南亚、印度尼西亚、泰国	农机销售
32	山东百佳食品有限公司	脱水蔬菜	美国	生产加工贸易、仓储
33	青岛瑞昌科技产业有限公司	农产品销售、货物进出口	赞比亚、马拉维、莫桑比克、津巴布韦、马里	棉花育种、种植、收购、加工销售
34	晨光生物科技集团股份有限公司	天然色素、香辛料、营养及药用、油脂和蛋白	印度、赞比亚	农产品加工
35	春申股份有限公司	林业、渔业、饮料	印度尼西亚	淡水养殖加工产业化生产基地

（续表）

序号	企业名称	主营业务	投资国别 / 地区	境外农业投资活动
36	深圳华大基因农业控股有限公司	水稻等粮食作物育种、规模化种植等；经济作物规模化种植等；水产养殖及相关产品加工等	老挝	农业种植
37	山东七河生物科技股份有限公司	食用菌种植与销售	韩国、美国、日本	食用菌与蔬菜的生产、加工、销售
38	吉林省海外农业投资开发集团有限公司	农业投资	赞比亚	种植、养殖、加工、贸易
39	袁隆平农业高科技股份有限公司	以水稻、玉米、蔬菜为主的高科技农作物种子、种苗的生产、加工、包装、培育、繁殖、推广和销售；土地整理及修复	菲律宾、印度、东帝汶、巴西、美国、利比里亚、孟加拉、巴基斯坦、塞内加尔	杂交水稻、蔬菜的种业
40	广西荣冠远洋捕捞有限公司	对远洋渔业捕捞项目的投资，海捕产品及船舶设备、水产品加工设备的销售，水产品加工，水产品生物制品的生产	毛利坦尼亚	远洋捕捞和渔业加工
41	吉林省金达海外农业开发投资有限公司	农业种植	俄罗斯	种植、加工、仓储
42	玖久丝绸股份有限公司	蚕茧、白厂丝、桑蚕副产品、饲料加工	乌兹别克斯坦	蚕丝绸加工
43	中非农业投资有限责任公司	农业投资	坦桑尼亚、赞比亚	剑麻种植加工、销售，农业种植、畜牧养殖
44	宁夏沃福百瑞枸杞产业股份有限公司	枸杞、枸杞汁、枸杞粉、枸杞籽油	美国、德国、澳大利亚、日本	农产品加工
45	北京中垦绿粮油有限公司	收购粮食、货物进出口	越南	农业种植
46	江苏红旗种业股份有限公司	稻麦良种批发零售	菲律宾、印度尼西亚、越南、巴基斯坦	农作物种子

（续表）

序号	企业名称	主营业务	投资国别 / 地区	境外农业投资活动
47	山东五征集团有限公司	载货汽车、三轮汽车、农业装备（拖拉机和各类收获机械）、电动车、汽车配件、农业种植	乌干达	农业种植
48	北京中农富通园艺有限公司	种植、销售苗木、花卉、新鲜蔬菜；景观工程设计、温室工程设计、专业承包	特立尼达和多巴哥共和国	生产加工或种养殖类
49	山东蒙阴万华食品有限公司	批发零售、网上销售：干鲜果品、蔬菜、坚果。干鲜果品、蔬菜、坚果的初加工（分级、筛选）、贮藏、货物进出口、技术进出口	新加坡、迪拜、孟加拉国	果蔬仓储
50	北大荒米业集团国际米业（北京）有限公司	粮食贸易、国内外销售农副产品的全产业链企业	泰国	仓储贸易类
51	北京华农农业工程技术有限公司	农业规划咨询、工程造价咨询、销售农业机械设备、货物进出口、技术推广服务	意大利、德国、荷兰、美国	设施农业、农业机械，电机电气，电子产品
52	宁夏金福来羊产业有限公司	屠宰及肉类加工	毛里塔尼亚	农林、蔬菜、水稻、大米种植
53	宝清米斯农业技术服务有限责任公司	农业技术推广服务、进出口贸易	俄罗斯	种植业
54	上海中房置业股份有限公司	房地产、食用农产品、食品流通	澳大利亚、新西兰	养殖及种植、畜牧
55	中地海外农业发展有限公司	农作物育种、农业加工、农业投资、农业咨询、农产品贸易	尼日利亚	木薯种植与加工、水稻制种等

（续表）

序号	企业名称	主营业务	投资国别 / 地区	境外农业投资活动
56	安徽江淮园艺种业股份有限公司	蔬菜种子、鲜食玉米种子研发	哥斯达黎加	甜瓜
57	宁夏香岩产业集团有限公司	畜牧养殖、牧草种植	澳大利亚	种养，苜蓿，黑豆、绿豆
58	淄博新农基作物科学有限公司	农用化学品（农药、肥料等，特别是除草剂）	缅甸	农药、肥料的生产加工和贸易
59	山东荣成海洋渔业有限公司	海水捕捞	加纳	渔业
60	江苏杰龙农产品加工有限公司	食用植物油加工	坦桑尼亚	农产品加工业，植物油加工
61	海南顶益绿洲生态农业有限公司	生态农业技术、农产品种养	柬埔寨	木薯、香蕉、胡椒等
62	四川农大高科农业有限责任公司	杂交水稻、玉米、油菜种子的制种生产、加工、包装、批发、零售	越南、老挝、缅甸等东南亚地区	农业制种
63	福建金山都发展有限公司	种子生产经营	缅甸	水稻品种选育、种子、稻谷
64	广西万川种业有限公司	杂交水稻、玉米、蔬菜种子的科研、生产和经营	越南	农作物优良品种试验站
65	玉溪德商农业投资有限公司	橡胶、稻谷、玉米、薏仁米、无筋豆、西瓜、香蕉、辣椒	老挝	农业种植、制造业
66	宁夏泰金种业股份有限公司	蔬菜种子	约旦	蔬菜种子

（续表）

序号	企业名称	主营业务	投资国别 / 地区	境外农业投资活动
67	山东潍坊润丰化工股份有限公司	农药原药及制剂的研发、进出口、生产和销售	巴西为主	农药出口
68	青海清华博众生物技术有限公司	沙棘高价值系类产品	澳大利亚	沙棘高值化产品开发与营销转化
69	山东绿健生物技术有限公司	食品添加剂生产、销售	美国	功能糖、功能性化妆品
70	九圣禾种业股份有限公司	小麦、玉米、棉花	哈萨克斯坦	种业
71	山东好当家集团有限公司	肉类、鱼类、水产品等	进出口	食品加工
72	秦皇岛成隆冷冻食品有限公司	速冻食品水产品类食用农产品销售；货物进出口	菲律宾、加拿大、马来西亚、墨西哥、泰国、文莱、新加坡、智利、中国香港特别行政区	出口精加工水产品
73	山东御苑生物科技有限公司	食用菌种植、销售及相关信息咨询服务；货物进出口；普通货运	匈牙利	蔬菜
74	江苏明天种业科技股份有限公司	杂交水稻、常规水稻、小麦、杂交玉米等各类种子	缅甸、泰国	水稻及蓖麻良种繁育，中缅泰特色豆类
75	广东温氏大华农生物科技有限公司	兽用疫苗、兽用化学制剂、饲料添加剂	越南、柬埔寨	疫苗兽药、宠物香波